DAS ESSGARTEN-KOCHBUCH

FREDERIK & HEIKE DEEMTER

ÜBERRASCHENDE REZEPTE MIT FUNKIE, MAGNOLIE & CO.

INHALT

ESSBARE GARTENPFLANZEN 4
Über uns und den Essgarten 6
Gartenpflanzen als Delikatesse 7

ÜBERRASCHENDES KOMMT AUF DEN TISCH 10

Taglilie 12
Eierspätzle mit Taglilien 14
Tomatensahne mit Taglilienknospen und Pistazien 16
Gefüllte Taglilienblüten 18

Blaublattfunkie 20
Gefüllte Funkienröllchen 22

Trichterfarn 24
Fiddleheads Main Style mit Spargel 26

Japanischer Staudenknöterich 28
Beilage mit Japanischem Rhabarber 30
Schnelle Japanische Rhabarber-Erdbeer-Torte 32
Japanisches Wildrhabarbercurry 34

Molchschwanz 36
Regenbogen-Mango 38

Fetthenne 40
Unverschämte Fetthenne – Fingerfood-Schiffchen 42
Durchgedrehte Fetthenne – Fingerfood-Schiffchen 44

Stockrose 46
Stockrosen-Lasagne mit grünem Pesto 48

Kornelkirsche 50
Deutsche Oliven 52
Kornelkirschen-Sorbet 54

Kamelie 56
Festtagstorte mit Kamelien 58

Zierquitten 60
Würziges Zierquittenchutney mit Rosinen 62

Linde 64
Roter Lindenknospensalat mediterran 66
Quiche Tilia mit Zwiebeln und Schinken 68

Echter Hopfen 70
Belgische Hopfensprossen mit Champignons 72

Duftrosen 74
Rosenblütensirup 76

Gemeiner Flieder 78
Bunter Couscous 80
Fliederblütengebäck 82

Bambus 84
Frische Bambussprossen mit Ananas 86

Gewöhnliche Berberitze 88
Berberitzenreis Sereschk Polo mit Huhn 90

Gemeine Pimpernuss 92
Pimpernusskaviar 94

Essigbaum 96
Indian Lemonade spezial 98

Kobushi-Magnolie 100
Eingelegte Magnolienblüten 102

Gewöhnlicher Schneeball 104
Kalina royal 106

Japanischer Blumenhartriegel 108
Blumenhartriegel mit Aprikose
und Crème brulée 110

Karamellbeere 112
Tiramisu formosa 114

Japanische Aralie 116
Würzige Aralie mit Anis 118

Blaue Passionsblume 120
Süße frittierte Passionsspießchen
mit Feigen 122

Straucheibisch 124
Ampel-Crêpes nach Künstlerart 126
Kimchi mit Garnelen 128

Schwarze Apfelbeere 130
Aroniacreme nach Essgarten-Art 132

Zierapfel 134
Apple Cinnamon Bread Pudding 136
Oliebollen nach Essgarten-Art 138

SERVICE 140
Bezugsquellen für Pflanzen 140
Zum Weiterlesen 140
Rezepte und mehr schnell finden 142
Impressum 144

HINWEIS IN EIGENER SACHE:
Wir Holländer mögen es sehr süß! Dies wird Ihnen bei den Zuckermengen in den Rezepten das eine oder andere Mal auffallen. Vielleicht testen Sie daher bei der Zubereitung vorsichtig und geben nicht gleich die gesamte Zuckermenge zum Gericht. Bei einigen der essbaren Pflanzen ist Zucker aber für den guten Geschmack sehr wichtig.

ESSBARE GARTENPZLANZEN

DAS IST WIRKLICH ESSBAR? OHNE ES ZU WISSEN, BESITZEN VIELE MENSCHEN – WOMÖGLICH AUCH SIE – EINEN NUTZGARTEN ODER HABEN BEKANNTE, DIE AUCH EINEN NUTZGARTEN BESITZEN. UND BESTIMMT HABEN SIE AUCH SCHON EINMAL GEMÜSE VERSCHENKT, ALS SIE EIGENTLICH NUR BLUMEN MITBRINGEN WOLLTEN.

IN ABERTAUSENDEN VON GANZ NORMALEN ZIERGÄRTEN WACHSEN UNGEAHNTE DELIKATESSEN. WAS WIR ALS BLUMEN UND STAUDEN ZUR ZIERDE KENNEN UND NUTZEN, GILT ANDERSWO AUF DER WELT ALS WILDPFLANZEN. KANN ES GEGESSEN WERDEN, GILT ES DORT ALS WILDGEMÜSE. UND WIE NENNEN WIR ES? ZIERGEMÜSE.

Über uns und den Essgarten

Wir sind zwei Physiotherapeuten. Seit über 20 Jahren betreiben wir eine Praxis bei Bremen. Außerdem unterrichten wir und bilden Kollegen im In- und Ausland über Yoga und Sportmedizin fort. In beiden Bereichen spielt auch die Ernährung eine wichtige Rolle.

Ahnungslos zogen wir vor 20 Jahren aufs Land – und schon bald bekamen wir ein neues Hobby, das Sammeln und Züchten von essbaren Pflanzen aus aller Welt. Mittlerweile ist es eine beachtliche Sammlung geworden: von exotischen Früchten, wie der Indianerbanane, essbaren winterharten Kakteen oder Palmen zu Delikatessen wie Trüffeln und frischen Bambussprossen. Und daneben zeigen wir eine große Reihe von Blumen, Stauden und Sträuchern, die Sie aus jedem gewöhnlichen Garten kennen: unser Ziergemüse. Im Laufe der Zeit haben wir über 1000 Arten gesammelt – wobei die 20 verschiedenen Apfelbäume nur als eine Art zählen.

DIE LUST ZU KOCHEN

In unserem Essgarten kochen wir seit 20 Jahren mit allen Arten. Wir wissen genau, welche Pflanze mit welchen Zutaten harmoniert. Zunächst haben wir nur für uns selbst gekocht, dann auch für unsere Gäste. Und diese ermutigten uns, das Kochen auf professionelle Füße zu stellen. Zu diesem Zweck haben wir ein großes Besucherzentrum gebaut – natürlich eine Orangerie. Hier servieren wir unseren Besuchern leckere Menüs mit Wildobst, Wildgemüse – und natürlich auch dem Ziergemüse. Mittlerweile bieten wir dort regelmäßig Kochkurse und andere Events an.

Einige Rezepte aus diesem Buch haben wir auf unsere Speisekarte mit aufgenommen. Uns bringt der Essgarten mit seinen Gästen großen Spaß. Schöne Gerichte auszuwählen, ein tolles Ambiente zu schaffen und immer wieder mit interessanten Besuchern ins Gespräch zu kommen – was kann es Besseres geben!

Essbare Exoten entdecken
Stöbern Sie doch auch einmal im Internet auf unserer Website: www.essgarten.de. Und dann kommen Sie einfach vorbei. Der Essgarten liegt ca. 35 km entfernt von Bremen, Barjenbruch 3 in 27243 Harpstedt / Winkelsett.

GARTENPFLANZEN ALS DELIKATESSE

Lassen Sie sich mit diesem Buch inspirieren, neue Gemüsearten auszuprobieren. Damit meinen wir das Ziergemüse, das in Ihrem Garten oder dem von Verwandten und Bekannten wächst – und das Sie bisher noch gar nicht als essbar entdeckt haben.

Einige Blumen, Sträucher oder Stauden werden Sie sicher in Ihren normalen Speiseplan integrieren. Scheuen Sie sich nicht, auch einmal etwas Neues auszuprobieren. Und nach den ersten positiven Überraschungen denken Sie sicher wie wir: „Lecker, da geht was!" Zum sicheren Verzehr dieser Pflanzen muss man aber Folgendes wissen:

→ WAS MAN ESSEN DARF
→ WO ES GESAMMELT WIRD
→ WANN ES GEERNTET WIRD
→ WIE ES ZUBEREITET WERDEN MUSS

Nur so wird eine vermeintlich giftige Gartenpflanze zu einem tollen Gericht – und manchmal sogar zu einer Delikatesse.

Die sind doch giftig?
Viele Pflanzen werden als giftig bezeichnet, wenn irgendwo in ihnen Giftstoffe nachgewiesen werden. In diesem Sinne sind Kartoffeln wegen ihrer Blätter und Früchte giftig, Äpfel wegen ihre Kerne. Und tatsächlich enthalten die Kerne von Äpfeln eine giftige Substanz. Es ist aber völlig unrealistisch, so viele Äpfel mit Kernen zu essen, dass eine vergiftende Wirkung eintritt. Wären Äpfel oder Kartoffeln unbekannte Pflanzen, würden wir sie sicher als giftig bezeichnen.

VIELES IST ESSBAR – ABER NICHT ALLES

Alle beschriebenen Pflanzen im Buch sind sicher. Sie wurden in mehreren Büchern und Datenbanken als völlig unbedenklich beschrieben, und zudem haben wir sie ausgiebig getestet. Sie dürfen aber nicht leichtsinnig sein und generalisieren.

GUT ZU WISSEN

Wenn einer der Essigbäume essbare Teile hat, heißt das nicht, dass alle Essigbäume essbare Teile haben. So gibt es bei Berberitzen beispielsweise viele Zierzüchtungen – diese sind nicht beschrieben, und es ist uns daher unbekannt, ob sie alle für den Verzehr geeignet sind. Bleiben Sie am besten bei unseren Rezepten und den vorgestellten Pflanzen. Experimentieren Sie niemals mit neuen Sorten, ohne einen Spezialisten oder eine seriöse Pflanzendatenbank zu befragen. Überprüfen Sie, ob Sie die richtige – und von uns beschriebene Pflanzensorte – im Garten haben. Nur diese können Sie unbedenklich verwenden.

Die Datenbank zum Nachschlagen
www.pfaf.org
Bei der Suche nach essbaren Pflanzen ist diese englischsprachige Datenbank eindeutig die zuverlässigste. Sie listet genau auf, welche Pflanzen – und welche Teile davon – essbar sind und wie sie gezüchtet werden. Und wie gut sie schmecken. Sie ist kostenlos. Unser Tipp: Suchen Sie immer über den lateinischen Namen der Pflanze, denn so vermeiden Sie Irrtümer und Verwechslungen!

NUR DIE RICHTIGEN PFLANZEN ...

WAS ERNTEN
Wir machen bei jeder beschriebenen Pflanze eindeutige Angaben, welche Pflanzenteile essbar sind. Manche Teile sind völlig unbedenklich, während andere Teile der Pflanze unbekömmlich oder sogar giftig sind. Also keine Experimente! Ähnliches gilt für Pflanzen mit ähnlichen Namen. Gewisse Magnolien oder Kastanien sind essbar, während andere ungenießbar sind.

WO ERNTEN
Nicht ganz unwichtig ist, wo die Pflanzen gesammelt werden. Hundebesuch, Bodenverunreinigung, Spritzmittel oder Verkehrsverschmutzung – das alles spielt eine Rolle bei der Qualität der Ernte.

WANN ERNTEN
Wichtig ist es, im richtigen Moment zu ernten. Der richtige Zeitpunkt gibt bessere Qualität. Der geübte Konsument fühlt, riecht und sieht, welche Orange, Melone oder Pfirsich, Salatkopf das optimale Stadium hat. Ähnliches gilt auch für die Ernte der Ziergemüse:

→ Zarte Blätter enthalten viel weniger Bitterstoffe als ältere Blätter.

→ Bei den Früchten sollten Sie das Stadium der Vollernte abwarten. Hier kann ein Tag entscheiden, ob sie ungenießbar oder umwerfend lecker sind. Kornelkirsche und Karamellbeere sind bekannte Beispiele.

→ Blüten werden am besten geerntet, kurz nachdem sie sich geöffnet haben. Knospen, wenn sie kurz vor der Blüte stehen.

WIE ESSEN
Halten Sie sich am besten genau an die Rezepte und Beschreibungen. Wenn Sie wissen, dass Sie auf neue Pflanzen empfindlich reagieren, können Sie sich langsam herantasten und probieren erst einmal kleine Portionen aus. Bei normalem Verzehr sollten Sie keine Probleme mit der Bekömmlichkeit haben.

EINLEITUNG | 9

ÜBERRASCHENDES KOMMT AUF DEN TISCH

Lernen Sie nun Ihre Gartenpflanzen richtig kennen und lassen Sie sich von den Rezepten inspirieren. Beachten Sie auch, wie Sie die Gerichte dekorieren und anbieten. Der alte Spruch, das Auge isst mit, stimmt auch beim Ziergemüse. Vielleicht variieren Sie einmal den Rezeptnamen – und schon ist ein neues Gericht kreiert, das auch den Kindern schmeckt.

Pesto aus Giersch ist der Renner im Essgarten – eleganter hört sich das Gericht aber an, wenn wir den französischen Namen auf die Speisekarte schreiben: Pesto à l'égopode et aux noisettes. Lassen Sie Ihre Fantasie spielen.

Taglilie

[HEMEROCALLIS FULVA]

AUF EINEN BLICK

Was ernten:
Junge Triebe, Knospen und Blüten

Wann ernten:
Junge Triebe im Frühling, Knospen und Blüten im Sommer

Wie essen:
Blätter gekocht, Blüten roh oder gekocht, evtl. Wurzeln roh oder gekocht

Fast in jedem Garten ist diese Staude zu Hause. Kein Wunder, denn die Taglilie ist pflegeleicht und dabei noch wunderschön. Sie blüht in vielen Farben, Wildformen sind häufig gelb und orange gefärbt. Mittlerweile gibt es 60.000 verschiedene Tagliliensorten, alle gezüchtet aus den unterschiedlichen Arten.

Woher sie ihren Namen hat? Einige denken, dass er sich auf die Dauer der Blütezeit bezieht, denn die einzelne Blüte hält oft nur einen Tag lang. Wir hingegen sind der Meinung, der Name spiegelt die kurze Zeit wider, in der sie verspeist wird. Kaum eine erntereife Lilienknospe schafft es zur Blüte.

Mich würde nicht wundern, wenn die Taglilie demnächst vermehrt in unseren Küchen zu finden wäre – sie hat alle Eigenschaften dazu. Alle Teile der Pflanze können verwendet werden, sogar die Wurzeln, besonders aber Blätter, Blütenknospen und die geöffneten Blüten. In Japan und China werden die Taglilien seit langem kommerziell angebaut und unter dem Namen „goldene Nadeln" verkauft. Ausgewählt werden dafür Sorten, die besonders gut schmecken oder aber ergiebiger in der Kultur sind. Sehr empfehlenswert sind *Hemerocallis fulva* ‚Kwanzo' und ‚Flore pleno', beides gefüllte Formen.

VIELSEITIG NUTZBAR

Der Geschmack der Blätter ist dezent und nicht aufdringlich. Sie können gut wie Spinat verwendet werden. Das frische gesunde Grün treibt bereits im frühen Frühling aus – viel eher als unser anderes Gemüse. Wenn Sie schonend ernten und jeweils nur einige Blätter abnehmen, schadet das der Pflanze nicht. Am besten nutzt man die Blätter bis zu einer Länge von ca. 15 cm. Größere Blätter können faserig werden, sie bereichern Suppen oder Gemüsegerichte. Die Blüten verwenden wir roh in Salaten oder zum Binden und Andicken von Suppen und Saucen. Sie können bei Bedarf für einen späteren Gebrauch getrocknet werden. Einzelne, schön ausgebildete Blütenblätter sind besondere Kunstwerke und bestens geeignet als essbare dekorative Vorspeise. Ähnliches gilt für die Knospen, die an grüne Bohnen oder Spargel erinnern. Man erntet sie, bevor sie sich öffnen, denn dann behalten sie die feste Struktur. Die dickeren hellen Teile der Wurzeln können wie Kartoffeln zubereitet werden, sie schmecken süßlich nach Nüssen oder Esskastanien. Die jungen Wurzelteile brauchen nicht geschält zu werden, sondern nur gut gereinigt.

GUT ZU WISSEN

In normalen Portionen genossen, ist die Taglilie unbedenklich. Mehr als 100 Knospen können aber – wie wir aus eigener Erfahrung wissen – abführend wirken.

Eierspätzle mit Taglilien

FISCHLIEBHABERN EMPFEHLEN WIR DIESES GERICHT ZU HEILBUTT – UND DAZU EIN GLAS WEISSWEIN.

ZUBEREITUNGSZEIT:
30 Minuten

FÜR 4–6 PERSONEN:
400 g Eierspätzle
2 mittelgroße Zwiebeln
2 EL Olivenöl
300 g frisch gepflückte Taglilienblätter
1 rote Paprikaschote
100 g Schmand
Salz
Pfeffer
Kräuter der Provence
etwas Zitronensaft

ZUBEREITUNG:

In einem Topf reichlich Salzwasser zum Kochen bringen, die Eierspätzle darin nach Packungsangabe bissfest garen. Die Zwiebeln schälen und fein hacken. In einem Topf 2 EL Öl erhitzen und die Zwiebeln darin bei mittlerer Hitze glasig dünsten.

Inzwischen die Taglilienblätter waschen und in schmale Streifen schneiden. Die geputzte und gewaschene Paprikaschote in hauchdünne Streifen schneiden. 1 EL Schmand mit Salz und Pfeffer abschmecken und alles zur Seite stellen.

Den restlichen Schmand mit etwas Wasser zu den Zwiebeln geben, dann die Blätter dazugeben. Alles bei niedriger Hitze ca. 1–2 Minuten garen. Mit Salz, Pfeffer, Kräutern der Provence und etwas Zitronensaft würzen. Alles gut durchrühren und mit den heißen Spätzle vermischen.

In Teller oder schöne Schälchen füllen, mit den Paprikastreifen und jeweils einem Klecks gewürztem Schmand dekorieren.

Tomatensahne mit Taglilienknospen und Pistazien

UNSERE GÄSTE FRAGEN WIR GERN, OB SIE ALLE ZUTATEN HERAUSSCHMECKEN KÖNNEN.

ZUBEREITUNGSZEIT:
30 Minuten

FÜR 4–6 PERSONEN:
2 mittelgroße Zwiebeln
2 EL Olivenöl
500 ml pürierte Tomaten
200 ml Sahne
2 EL Zucker
Salz
1 mittelgroße gelbe Paprika
100 g festkochende Kartoffeln
1 Bund Frühlingszwiebeln
30 frisch gepflückte Taglilienknospen
100 g Pistazien
Pfeffer

ZUBEREITUNG:

Zwiebeln schälen und fein würfeln. 2 EL Olivenöl erhitzen und die Zwiebeln darin glasig braten. Die pürierten Tomaten, Sahne und Zucker hinzugeben. Alles bei kleiner Hitze erwärmen und mit Salz abschmecken.

Die Paprika halbieren, putzen, waschen und in ca. 1 cm große Stücke schneiden. Die Kartoffeln schälen, waschen und in 1 cm große Würfel schneiden. Die Frühlingszwiebeln ebenfalls waschen und in schmale Ringe schneiden. Die Taglilienknospen vorsichtig reinigen – meist reicht es aus, sie mit einem feuchten Tuch abzureiben.

Paprika und Kartoffeln mit etwas Wasser zur Tomatensahne geben, aufkochen lassen und zugedeckt bei niedriger Hitze 5 Minuten garen. Die Taglilienknospen und Lauchzwiebelringe zufügen und alles 1–2 Minuten weiter garen lassen. Mit Salz und Pfeffer abschmecken.

Die Pistazien fein hacken und hinzugeben.
Mit Reis, Nudeln oder Frühkartoffeln servieren.

MEIN TIPP

Taglilienknospen und -blüten lassen sich problemlos einfrieren. Vorher sollte man sie aber kurz blanchieren.

Gefüllte Taglilienblüten

DIE DEKORATIVEN BLÜTEN SIND EINE IDEALE VORSPEISE ODER BEILAGE.

ZUBEREITUNGSZEIT:
15 Minuten

FÜR 4–6 PERSONEN:
12–15 frisch gepflückte Taglilienblüten
1 EL Olivenöl
50 ml Rotwein
2 Stück Knäckebrot
65 g Mozzarella
50 g Lachsschinken
12–15 Basilikumblätter
Salz
Pfeffer

ZUBEREITUNG:

Die Taglilienblüten durchsehen, eventuelle Verunreinigungen entfernen und die Stempel herausbrechen. Eine Pfanne leicht erhitzen, das Olivenöl und den Rotwein zugeben. Das Knäckebrot zerkrümeln und unter die Flüssigkeit mischen. Mozzarella und Lachsschinken in kleine Würfel schneiden, dann in die Pfanne geben und gut mischen. Nach Belieben mit Salz und Pfeffer abschmecken. Die Masse auf Handwärme abkühlen lassen.

Die Taglilienblüten mit einem Basilikumblatt und der vorbereiteten Masse vorsichtig füllen. Eine saubere Pfanne erhitzen und die gefüllten Blüten einlegen. Bei mittlerer Hitze mit einem Spachtel leicht flach drücken. Am besten mit einem weiteren Spachtel die obere Seite zudrücken, damit keine Masse herausdrücken kann. Wenden und auch die andere Seite flach drücken. Es sollen relativ flach gedrückte Blüten entstehen.

Pro Teller 2–3 Blüten servieren und nach Geschmack dekorieren.

MEIN TIPP

Servieren Sie Ihren Gästen ein Glas Sekt oder Mineralwasser mit einer Taglilienblüte. Ihre Pracht kommt durch die vielen kleinen Perlen besonders schön zur Geltung.

Blaublattfunkie

[HOSTA SIEBOLDIANA]

AUF EINEN BLICK

Was ernten:
Junge, noch aufgerollte Triebe, Blüten

Wann ernten:
Junge Triebe im Frühling, Blüten im Sommer

Wie essen:
Junge Triebe gekocht, Blüten roh

Diese schattenliebende Staude hat es in sich. Es gibt wohl kaum einen Garten in Deutschland, in dem sie nicht vertreten ist. Blaublattfunkien sind bestechend schön, dazu pflegeleicht – und wirklich sehr schattenverträglich.

Alle Funkien stammen ursprünglich aus Ostasien. Hier kennt man sich daher am längsten mit diesen Pflanzen aus und so wundert es uns auch nicht, dass diese essbare Staude in der japanischen Küche sehr geschätzt wird. Traditionell isst man dort Teile von *Hosta sieboldiana*, sie sind dort unter dem Namen „obagiboshi" bekannt.

Bei uns hat es ein wenig gedauert, bis wir sie für unsere Küche entdeckt haben. Aber heute gibt es kein Halten mehr! Gerade haben wir bei uns verschiedene Beetinseln mit mehreren Hundert essbaren Funkien gepflanzt. Wunderschöne Landschaftsbilder werden entstehen. Der ideale Platz für diese Ziergemüsebeete ist unter Bäumen.

GUT ZU WISSEN

Viele der Funkien, die Sie als Gartenpflanze im Handel angeboten bekommen, gelten als essbar. Ob aber wirklich alle Funkien, auch in größeren Mengen genossen, für jedermann verträglich sind, ist nicht eindeutig geklärt. Siehe Seite 8–9.

DELIKATESSE ZU ENTDECKEN

Alle Funkien, die wir bisher gegessen haben, sind zart im Geschmack. Das ist vielleicht nicht verwunderlich, denn die Pflanze ist eine weit entfernte Verwandte des Spargels: ein Agavengewächs, innerhalb der Familie der Spargelartigen – wenn Sie es botanisch mögen. Am besten schmecken die jungen Triebe, wenn die Blätter noch aufgerollt sind, kurz bevor sie sich entrollen. Für mich scheint es so, als bettelten sie geradezu darum, als Wrap verwendet zu werden. Die jungen Triebe sollten so tief abgeschnitten werden, dass der Stiel die unteren Blätter gerade noch zusammenhält. Gestopft mit einer Füllung eigener Wahl, dann kurz bei mittlerer Hitze gedünstet – fertig ist ein erstklassiges Gericht. Sie können ruhig viele Triebe auf einmal ernten, denn sie wachsen problemlos nach. Sogar manchmal aus dem Stiel, den Sie gerade abgeschnitten haben. Etwas später im Jahr können die Blätter als Gemüsegericht gekocht verarbeitet werden. Und im Sommer können wir die Blüten der Funkie verspeisen: als kleinen Snack oder beigemischt in Salaten.

MEIN TIPP

Wer von Funkien begeistert ist, sollte die Sorte 'Big Daddy' versuchen. Sie ist im Handel gut erhältlich, ganz robust und hat einen herrlich zarten Geschmack.

Gefüllte Funkienröllchen

EINE ÜBERRASCHENDE DELIKATESSE, DIE IHRE GÄSTE STAUNEN LÄSST.

ZUBEREITUNGSZEIT:
30 Minuten

FÜR 4–6 PERSONEN:
200 g Reis
12 frisch gepflückte Funkientriebe (die noch aufgerollten Funkienblätter)
1 Zwiebel
4 EL Olivenöl
100 g Hackfleisch
1 große Tomate
1 große saure Gurke
1 EL Oregano
100 g Hirtenkäse
Salz
Pfeffer

ZUBEREITUNG:

In einem Topf reichlich Salzwasser zum Kochen bringen, den Reis darin nach Packungsangabe bei kleiner Hitze ausquellen lassen. Die noch aufgerollten großen Funkientriebe vorsichtig waschen und abtropfen lassen.

Zwiebel schälen und würfeln. 3 EL Öl erhitzen, die Zwiebelwürfel darin bei mittlerer Hitze glasig dünsten. Hackfleisch zugeben und in ca. 5 Minuten krümelig garen. Tomate und saure Gurke in sehr kleine Würfel schneiden, die Gurke zum Hackfleisch geben und kurz erhitzen.

Den gekochten Reis und Oregano zugeben, alles gut durchmischen.

Den Hirtenkäse grob zerkrümeln und mit den Tomatenwürfeln zum Reis geben. Dieser muss so weit abgekühlt sein, dass die krümelige Struktur des Käses erhalten bleibt. Gut mischen, mit Salz und Pfeffer würzen.

Die zwölf Funkientriebe gleichmäßig mit der Reismasse füllen. 1 EL Öl erhitzen und die Röllchen bei mittlerer Hitze unter regelmäßigem Wenden für 1–2 Minuten garen. Nach Wunsch dekorieren und als Vorspeise servieren.

Trichterfarn

[MATTEUCCIA STRUTHIOPTERIS]

AUF EINEN BLICK

Was ernten:
Junge, noch aufgerollte Triebe

Wann ernten:
Frühling

Wie essen:
Gekocht

Der Trichterfarn, auch bekannt unter dem Namen Straußenfarn, gehört zu den wenigen Farnen, die sowohl schmackhaft als auch sehr wüchsig sind. Der robuste Farn breitet sich über Wurzelausläufer aus. Dort, wo er sich wohlfühlt, bildet er rasch größere Bestände. Trichterfarne sind einfach in der Kultur und besiedeln auch die feuchten und leicht schattigen Ecken im Garten, die sonst als problematisch gelten.

Trichterfarne sind in den USA, Kanada, Skandinavien, Europa, Russland und Japan heimisch. Die noch aufgerollten Spitzen der jungen Triebe werden in den USA und Kanada von jeher gegessen. Vermutlich wird Ihnen kein Amerikaner verraten, wo er die Kostbarkeiten gesammelt hat – so wie man hierzulande die besten Steinpilzstellen auch nicht verrät. Die *Fiddleheads* bekommt man dort sogar in Dosen. Und im Frühjahr werden sie in vielen Restaurants als Frühlingsboten in vielen Variationen auf der Speisekarte angeboten. Auch in Japan gilt der Farn als populäres Wildgemüse, dort sind die Farnspitzen unter dem Namen Komogi bekannt.

GUT ZU WISSEN

Der Trichterfarn ist selten – und in Deutschland und der Schweiz gefährdet. Er zählt zu den besonders geschützten Arten und darf nicht wild gesammelt werden.
Vorsicht: Nicht alle Farne sind essbar, siehe Seite 8–9.

GRÜNE SPEZIALITÄTEN

Geerntet werden die jungen, noch aufgerollten Farntriebspitzen. Sie schmecken dezent mild mit einem Hauch von Spargel. Kleine braune Stellen werden abgerieben und die Farnspitzen ca. 15 Minuten gekocht. Dadurch werden Enzyme wie Thiaminase, die nicht bekömmlich sind, zerstört. Anschließend mit einem Tuch oder in der Salatschleuder trocknen, bevor sie in Öl oder Butter gedünstet werden.

Sie können das Farngemüse in allen Rezepten verwenden, die auch mit Spargel oder Brokkoli lecker sind. Eindeutig eine Delikatesse, die sicher bald auch unsere Küchen und Restaurants erobern wird. Wir selbst haben den Startschuss mit 1000 Setzlingen im Essgarten gegeben. Und ein passender deutscher Name ist auch schon gefunden: Lakritzschneckenspargel.

MEIN TIPP

Manchmal wird der Anbau in Pflanztöpfen empfohlen, damit sich der Trichterfarn mit seinen Ausläufern nicht in einem kleinen Garten ausbreiten kann – ein guter Koch und viele Gäste helfen aber ebenso!

Fiddleheads Main Style mit Spargel

WUNDERBAR MIT EINEM GEKÜHLTEN TROCKENEN WEISSWEIN IHRER WAHL ZU KOMBINIEREN.

ZUBEREITUNGSZEIT:
30 Minuten

FÜR 4–6 PERSONEN:
250 g junge Farnspitzen
750 g Spargel
1 kg (neue) Kartoffeln
3 Schalotten
1 Knoblauchzehe
1,5 EL Olivenöl
Salz
Pfeffer
2-3 EL Zitronensaft
1 Päckchen
Sauce Hollandaise

ZUBEREITUNG:

Die Farnspitzen waschen, eventuell braune Teile entfernen. Ca. 15 Minuten in 1 Liter Wasser kochen. Abgießen, mit kaltem Wasser abschrecken und abtropfen lassen. Sie sollten die Farnspitzen immer separat zubereiten, denn sie könnten sonst Kartoffeln oder Spargel grünlich färben.

Inzwischen den Spargel schälen, halbieren und bei mittlerer Hitze ca. 15 Minuten garen. Die Kartoffeln schälen und ca. 15–20 Minuten kochen lassen.

Die Schalotten und den Knoblauch schälen und fein hacken, in Öl erhitzen und leicht andünsten. Farnspitzen zufügen und ca. 5 Minuten bei mittlerer Hitze garen. Leicht salzen, mit Pfeffer und Zitronensaft abschmecken.

Kartoffeln, Spargel und Fiddleheads auf einem Teller drapieren – und nach Geschmack sparsam mit Sauce Hollandaise dekorieren.

MEIN TIPP

Kombinieren Sie Ihre eigenen Spargelrezepte mit gekochten jungen Trichterfarntrieben. Ob Suppe, Gemüse oder Salat – Farnspitzen sind einfach köstlich und harmonieren optisch und kulinarisch mit dem weißen Gemüse.

Japanischer Staudenknöterich

[FALLOPIA JAPONICA]

AUF EINEN BLICK

Was ernten:
Junge Triebe

Wann ernten:
Frühling

Wie essen:
Gekocht

Er sorgt zweifellos für das größte Erstaunen im Essgarten. Ein schnellwachsender Sichtschutz, eine hervorragende Bienenweide, passender Schutz für Fasane – aus diesen Gründen wurde die Pflanze zunächst wegen ihrer Durchsetzungskraft gelobt, geschätzt und überall angepflanzt. „Durchsetzungskraft" ist aber wohl sehr untertrieben, „kaum zu bändigen" passt besser. Auf Standorten, wo er sich wohlfühlt, verdrängt er jede andere heimische Pflanze. Die Mehrheit der Fachwelt sieht den Japanischen Knöterich heute als ein riesiges Problem und schätzt ihn als gefährlichen invasiven Neophyt ein. Eine Minderheit dagegen unterstreicht die Vorteile der Pflanze: Die hohlen Stängel bieten einen wunderbaren Unterschlupf für viele Kleintiere und Insekten. Derzeit gilt allgemein die Devise: Bestände nicht weiter ausbreiten lassen oder besser ganz zurückdrängen.

Ideal für uns aber, dass sich die jungen Triebe des Japanischen Staudenknöterichs zu hervorragenden Gerichten zaubern lassen. Der erfreuliche Nebeneffekt: Durch regelmäßiges Ernten wird der unterirdische Wurzelbereich geschwächt und die Pflanzen werden in ihrem Wachstum gebremst oder zurückgedrängt. Helfen Sie mit – dafür bieten wir Ihnen gleich mehrere Rezepte. Wir selbst können durch regelmäßigen Konsum die eigenen Bestände im Essgarten ohne Weiteres kontrollieren.

JAPANISCHER WILDRHABARBER

Es hat uns einige Versuche gekostet, bis wir dieses Gemüse geschmackvoll zubereiten konnten. Jahr für Jahr haben wir im Frühjahr verschiedenste Gerichte probiert – anfangs aber gab es nur Pleiten, Pech und Pannen in der Pfanne. Und dabei wurde in verschiedensten Büchern der Geschmack des Japanischen Staudenknöterichs als ganz passabel beschrieben. Sein natürlicher Geschmack ist recht sauer, und dies gilt es zu kontrollieren. Aber wie? Nach vielen Fehlversuchen hatten wir endlich den Trick raus: Ausreichend Zucker ist die Lösung. Wie dumm, dass wir das erst so spät herausbekommen haben.

Die weniger bekannte Bezeichnung „Japanischer Rhabarber" weist schon auf die richtige Zubereitung hin – und genau so schmeckt diese Pflanze, wenn man sie richtig zubereitet. Das heißt, Sie können Ihre verschiedenen Lieblingsrhabarberrezepte mit diesem Gemüse probieren. Wurzeln, Stängel und Blätter können gekocht ebenfalls gegessen werden, sie sind allerdings sehr faserig und nicht ganz unser Geschmack. Die jungen Triebe sind eindeutig unser Favorit, denn sie können direkt verwendet werden und brauchen nicht einmal geschält zu werden.

GUT ZU WISSEN

In normalen Portionen genossen, ist der Knöterich vergleichbar mit dem Konsum von Rhabarber, Spinat oder Mangold. Alle enthalten Oxalsäure. Der Verzehr von größeren Mengen Oxalsäure kann bei empfindlichen Personen zu Beschwerden führen.

Beilage mit Japanischem Rhabarber

SEHR LECKER ZU SCHNITTCHEN MIT CRÈME FRAÎCHE UND EINEM STREIFEN PUTENFLEISCH.

ZUBEREITUNGSZEIT:
20 Minuten

FÜR 4–6 PERSONEN:
800 g junge Triebe vom Japanischen Staudenknöterich
200 g Zucker
1 kleine Zwiebel
2 mittelgroße Bio-Orangen
60 g Rosinen
2–4 EL frischen Koriander
160 g Hüttenkäse
Petersilie

ZUBEREITUNG:

Die jungen Triebe vom Japanischen Staudenknöterich gründlich durchsehen und eventuelle Verunreinigungen entfernen. In schmale Streifen schneiden und in einen Topf mit ein wenig Wasser geben, erhitzen und bei geringer Hitze unter ständigem Rühren ca. 5–10 Minuten garen. Mit Zucker bestreuen, gut vermengen und abkühlen lassen. Orientieren Sie sich bei der Zuckermenge ruhig an Ihren bevorzugten Rhabarberrezepten – für uns Holländer kann es gar nicht süß genug sein, doch ist Zucker für einen guten Geschmack sehr wichtig.

Inzwischen die Zwiebel schälen und sehr klein schneiden. Die Orangen heiß abspülen, trocknen und die Schale rundum abschälen. Die geschälten Orangen in Scheiben schneiden und zur Seite stellen. Orangenschalen und Rosinen klein hacken, zusammen mit den Zwiebeln zum Japanischen Staudenknöterich geben. Mit Koriander nach Geschmack würzen, alles gut vermischen.

Den Japanischen Rhabarber mit Hüttenkäse, klein geschnittener Petersilie und einer Orangenscheibe dekorieren.

MEIN TIPP

Mit angebratenen Kartoffelspalten servieren – ein Genuss!

Schnelle Japanische Rhabarber-Erdbeer-Torte

MIT MINZE DEKORIERT GEBEN SIE DER TORTE ZUGLEICH FRISCHEN KULINARISCHEN PFIFF.

ZUBEREITUNGSZEIT:
30 Minuten

FÜR 4–6 PERSONEN:
- 85 g Butter
- 125 g Biskuitkekse
- 175 g Zucker
- 300 g junge Triebe vom Japanischen Staudenknöterich
- 100 g Frischkäse
- 1 EL Vanillezucker
- 20 Erdbeeren
- 20 Minzblätter

ZUBEREITUNG:

Die Butter in einem Topf bei niedriger Hitze schmelzen. Biskuit sorgfältig zerbröseln. 5 EL Zucker und die Biskuitbrösel zur geschmolzenen Butter geben, gut durchmischen. Die Masse auf einer eingefetteten Springform verteilen, gut andrücken und zum Aushärten kühl stellen.

Die jungen Triebe vom Japanischen Staudenknöterich gründlich durchsehen und eventuelle Verunreinigungen entfernen. In schmale Streifen schneiden, mit wenig Wasser in einem Topf erhitzen und unter ständigem Rühren bei geringer Hitze ca. 5–10 Minuten garen. Den restlichen Zucker zufügen, gut durchmischen und abkühlen lassen. In einem Sieb abtropfen lassen.

Frischkäse mit Vanillezucker mischen, auf den ausgehärteten Biskuitboden streichen. Den abgetropften Japanischen Rhabarber auf dem Kuchen verteilen, mit Erdbeeren und Minzblättern dekorieren.

Japanisches Wildrhabarbercurry

EINFACHER GEHT ES NICHT FÜR GRÖSSERE GESELLSCHAFTEN – VEGAN, VEGETARISCH ODER MIT HÜHNERFILET SERVIERT.

ZUBEREITUNGSZEIT:
30 Minuten

FÜR 4–6 PERSONEN:
800 g Japanischer Knöterich
200 g Zucker
1 große Zwiebel
40 g Ingwer
4 EL Olivenöl
200 ml Kokosmilch
4 TL Curry
4 TL Koriander, frisch oder getrocknet
1 TL Thymian
4 Lorbeerblätter
Salz
Chilipulver
Zitronensaft

ZUBEREITUNG:
Die jungen Triebe vom Japanischen Staudenknöterich gründlich durchsehen und eventuelle Verunreinigungen entfernen. In schmale Streifen schneiden, mit wenig Wasser in einem Topf erhitzen und unter ständigem Rühren bei geringer Hitze ca. 5–10 Minuten garen. Zucker nach Geschmack dazugeben, gut durchmischen und abkühlen lassen.

Die Zwiebel schälen und in grobe Würfel schneiden. Den Ingwer schälen und fein hacken. Das Öl erhitzen, Ingwer und Zwiebeln darin glasig dünsten. Kokosmilch zugießen, Curry, Koriander, Thymian und Lorbeerblätter hinzufügen und alles kurz aufkochen lassen.

Mit Salz, Chilipulver und etwas Zitronensaft abschmecken. Zu Reis servieren.

MEIN TIPP

Roh lässt sich schnelles Fingerfood aus den jungen Trieben herstellen: Stängel halbieren, in ca. 2 cm große Stückchen schneiden, mit gesüßtem Frischkäse füllen und nach Geschmack dekorieren. Unsere Gäste lieben dazu Erdbeeren, Minze, Orangen und Walnüsse. Oder etwas schräg und alkoholisch: Irish Whiskey oder Rotwein in den Frischkäse unterrühren. Serviert werden die Fingerfood-Happen auf hübschen Löffelchen.

Molchschwanz

[HOUTTUYNIA CORDATA]

AUF EINEN BLICK

Was ernten:
Junge frische Blätter, Rhizome

Wann ernten:
Blätter vom Frühling bis zum frühen Sommer, Rhizome ganzjährig

Wie essen:
Gekocht

Diese asiatische Zierpflanze gilt als wüchsiger Bodendecker. In Gärten ist die Sorte *Houttuynia cordata* 'Chamaeleon' beliebt, die sich sehr farbenprächtig mit rot-, weiß- und grüngemusterten Blättern zeigt. Dafür wächst sie weniger kräftig als die grünlaubige Stammform.

Molchschwanz klingt zugegebenermaßen nicht sehr appetitlich, und so hat sich der Handel auf die Suche nach einem besser bekömmlichen Namen gemacht. Im Zweifelsfall eignet sich doch immer ein asiatischer Name – den kann keiner deuten und er hört sich exotisch an. Und so wird der Molchschwanz auch unter dem Namen Vap Ca angeboten. Schon viel leckerer, oder?

Seine medizinischen Anwendungen werden erforscht. In der Volksmedizin wird er zur Entgiftung verwendet, ebenso werden seine antiviralen Eigenschaften gepriesen.

KULINARISCHE ZÄHMUNG

Dieses Kraut zu zähmen, stellte sich für uns als maximale Herausforderung dar. Generell werden die Blätter vor allem in Indien oder Vietnam als Gewürz genutzt oder in kleinen Mengen ganz fein geschnitten an Salate gegeben. Im Frühjahr ist der Geschmack deutlich milder als im Herbst. Er ist aber sehr speziell und kann je nach Kulturform und Herkunft variieren. Vielleicht kosten Sie daher besser vor dem Kauf in der Gärtnerei. Über den Duft gibt es unterschiedliche Meinungen: Für die einen duften die Blätter nach Koriander und Orange, für die anderen riechen sie eher negativ nach Fisch. Der Konsum größerer Blättermengen ist daher gewöhnungsbedürftig und sicherlich nicht für jeden bekömmlich.
Nach vielen Experimenten haben wir aber nun seinen Geschmack gezähmt. Sein markanter typischer Geschmack ergibt sich aus zwei Schlüsselaromen: Das erste Aroma kommt auch in Mango, Thymian und Zitronengras vor, das zweite Aroma findet man in Erdbeeren, Bananen und Ingwer. Kombiniert mit diesen Zutaten, man nennt dies auch Food- oder Aromapairing, verschwindet der durchdringende Geschmack. Experimentieren Sie ruhig, welche Kombination Ihnen am besten schmeckt.
In Indien werden die Rhizome auf dem Markt verkauft. Deren Geschmack ähnelt denen der Blätter, ist aber frei von der manchmal doch sehr penetranten Note. Da der Molchschwanz zum Wuchern neigt, werden wir zur Wurzel greifen, sobald er im Essgarten lästig wird. Bis dahin müssen wir Quantität (Blätter) vor Qualität (Rhizome) setzen.

MEIN TIPP

Fragen Sie bei Nachbarn und Freunden herum: Es gibt immer wieder Leute, die gern viele Pflanzen abgeben. So können Sie schnell größere Pflanzenbestände aufbauen.

Regenbogen-Mango

UM DEM NAMEN GERECHT ZU WERDEN, DEKORIEREN SIE AM BESTEN MIT EIN PAAR BUNTEN BLÄTTERN.

ZUBEREITUNGSZEIT:
30 Minuten

FÜR 4–6 PERSONEN:
1 große Mango
2 mittelgroße Zwiebeln
3 EL Olivenöl
4 EL Zucker
200 ml Wasser
200 g saure Sahne
Salz
1 Bund Frühlingszwiebeln
50 g Pekannuss (oder Walnuss)
100 g Shrimps
1 EL frischer Koriander
2 EL frisches Zitronengras
20 mittelgroße junge Molchschwanzblätter

ZUBEREITUNG:
Die Mango schälen, den Kern entfernen und das Fruchtfleisch in kleine Würfel schneiden.

Die Zwiebeln schälen und fein würfeln. 2 EL Öl erhitzen, die Zwiebelwürfel darin glasig dünsten. Zucker zugeben und bei größter Hitze leicht karamellisieren. Mit dem Wasser ablöschen. Saure Sahne und die Mangowürfel bei niedriger Hitze dazugeben. Die Masse mit einem Pürierstab pürieren, mit Salz würzen.

Die Frühlingszwiebeln putzen, waschen, klein schneiden und in 1 EL Öl kurz anbraten. Die klein gehackten Nüsse und Shrimps dazugeben. Frischen Koriander und frische Zitronengrasblätter klein schneiden und unterheben. Zum Schluss die klein geschnittenen Molchschwanzblätter dazugeben. Mit gutem Reis servieren.

Fetthenne

[SEDUM]

AUF EINEN BLICK

Was ernten:
Frische Blätter

Wann ernten:
Frühling bis zum frühen Herbst

Wie essen:
Roh oder gekocht

Die Fetthenne ist Staude des Jahres 2011. Diese Auszeichnung hat aber wohl kaum kulinarische Hintergründe – dazu ist viel zu wenig bekannt, dass sie in der Küche verwendet werden kann. Anspruchslosigkeit und Lebenskraft, vielseitige Verwendbarkeit, Schönheit und Gesundheit sind die Eigenschaften von *Sedum*, heißt es in der Begründung des Bunds der deutschen Staudengärtner (BdS). Der deutsche Name Fetthenne bezieht sich auf die dickfleischigen Blätter, die zur Speicherung von Wasser dienen. Das macht sie äußerst geeignet für sehr trockene Standorte auf Trockenmauern – oder aber für gießfaule Gärtner. Die Gattung *Sedum* umfasst rund 500 Arten, einige davon sind essbar. Zu Speisezwecken empfehlen wir die beiden hochwüchsigen ostasiatischen Arten *Sedum spectabile* und *Sedum telephium*.

Das Staunen unserer Gäste ist häufig groß: Das kann man auch essen? Doch bisher haben wir noch alle überzeugt, und wir selbst lieben sie mittlerweile. Für uns ist sie der Picasso unter den essbaren Gartenpflanzen. Mit ihren Blättern können Sie sich nach Lust und Laune ausleben und immer neue Kreationen gestalten – es gelingt fast immer und fast alles. Ob Ihre Kreationen sich aber so gut verkaufen lassen wie die des Malers? Immerhin werden sie besser schmecken als seine.

FÜR ALLE FÄLLE KNUSPRIG

Man nutzt in erster Linie die Blätter der Fetthenne. Sie können frisch oder gekocht verarbeitet werden. Ihr Geschmack ist dezent neutral, beim Hineinbeißen tritt ein Knuspereffekt ein – sie sind regelrecht crunchy. In Salaten machen sie sich prima, doch kommt es auf die richtige Dosierung an. Ein Salat allein aus den Blättern der Fetthenne würde eine leicht breiige Konsistenz ergeben. Richtig dosiert ist davon nichts zu merken, sondern es dominieren die knusprigen Eigenschaften der Blätter, die jeden Salat bereichern.

Kreativer sind essbare Fingerfood-Schiffchen – bestückt und dekoriert mit kleinen Köstlichkeiten. Der neutrale Geschmack der Blätter lässt fast jede Ladung zu, ob süß, herzhaft oder fruchtig. Hier ist Fantasie gefragt, lassen Sie sich von unseren extravaganten Ideen überzeugen: Die Zutaten harmonieren viel besser, als Sie auf den ersten Blick erwarten. Uns begeistert, wie einfach sich die Blätter in der Küche verwenden lassen. Sie sind stabil für alle unsere Kombinationen, dürfen nur nicht mit zu heißer Masse beladen werden, denn unter Hitze verlieren sie ihre feste Struktur.

GUT ZU WISSEN
Der Verzehr der bei uns gängigen Hohen Fetthennen ist unbedenklich. Für weitere essbare oder aber nicht genießbare Arten siehe Seite 8–9.

Unverschämte Fetthenne – Fingerfood-Schiffchen

WUNDERBAR SOWOHL ALS VORSPEISE, ZWISCHENGANG ODER DESSERT – FÜR EINE NACHSPEISE SÜSSEN SIE DEN SCHAUM NUR EIN WENIG MEHR.

ZUBEREITUNGSZEIT:
15 Minuten

FÜR 4–6 PERSONEN:
12 größere frische Fetthenne-Blätter
150 g Blauschimmelkäse
50 g Zartbitterkuvertüre
2 Eiweiß
oder 100 ml Sahne
1 TL Muskatnuss
1–2 EL Zucker
Orangenschale zum Garnieren

ZUBEREITUNG:

Die frischen Fetthenne-Blätter waschen, etwaige dunkle Stellen herausschneiden. Die harte Käserinde entfernen, den Käse gleichmäßig auf den Blättern verteilen.

Die Kuvertüre in einem Topf bei geringer Hitze zum Schmelzen bringen, mit einem Löffel über den Käse tropfen lassen. Die Blätter abgedeckt kühl stellen und die Schokolade kurz aushärten lassen.

Inzwischen Eiweiß oder Sahne steif schlagen. Muskatnuss und Zucker unterrühren, abschmecken und nach Geschmack für ein Dessert noch etwas Zucker zufügen.

Den Eiweiß- oder Sahneschaum kunstvoll auf den Fingerfood-Schiffchen verteilen, mit einigen Streifen Orangenschale dekorieren und servieren.

Durchgedrehte Fetthenne – Fingerfood-Schiffchen

WIR KOMBINIEREN GERN MIT HÜHNERFLEISCH ODER MIT LACHS, FORELLE ODER HEILBUTT.

ZUBEREITUNGSZEIT:
15 Minuten

FÜR 4–6 PERSONEN:
12 größere frische Fetthenne-Blätter
50 g Butter
100 ml Cola Ihrer Wahl
50 g geriebene Haselnüsse
2 EL Frischkäse oder Mascarpone
1–2 EL Zucker
2 TL Thymian
12 Minzblätter
Chilipulver

ZUBEREITUNG:

Die frischen Fetthenne-Blätter waschen und etwaige dunkle Stellen herausschneiden.

In einer Pfanne die Butter langsam zerlassen. Cola zugießen und gut mit der Butter vermischen. Haselnüsse dazugeben. Die Masse unter ständigem Rühren bei geringer Hitze eindicken, bis eine breiige festere Struktur entsteht. Abkühlen lassen.

Frischkäse oder Mascarpone mit Zucker und Thymian verrühren.

Die abgekühlte Haselnussmasse mit einem Löffel auf den Fetthenne-Blättern verstreichen. Mit einem Klecks Frischkäse und den Minzblättern dekorieren. Nach Geschmack mit Chilipulver bestreuen.

> **MEIN TIPP**
>
> Mit Essig, Wasser, Honig und Gewürzen lassen sich die Fetthenne-Blätter vorzüglich einsäuern. Lecker als Beilage zum Abendbrot.

Stockrose

[ALCEA ROSEA]

AUF EINEN BLICK

Was ernten:
Junge Blätter, Blüten

Wann ernten:
Blätter von Frühling bis Sommer,
Blüten im Sommer

Wie essen:
Blätter roh oder gekocht, Blüten roh

Ihr zarter Geschmack ist nicht verwunderlich: Sie gehört zur Malvenfamilie – und dort gibt es einige Arten mit essbaren Blättern in Gemüsequalität. Stockrosen findet man nicht nur in alten Bauerngärten, sondern mit ihrem kräftigen, aufrechten Wuchs sind sie eine Zierde für viele andere Standorte. Sie fühlt sich dort wohl, wo kaum eine andere Pflanze wachsen möchte: zwischen Pflastersteinen, im Kies oder in unordentlichen Ecken im Garten. Egal, ob trocken und in der vollen Sonne, sie erfreut durch ihre lange Blütezeit.

Wenig bekannt ist, wie gut man diese Gartenpflanze zu Speisezwecken verwenden kann. Die einfach blühenden Sorten sind übrigens deutlich langlebiger als die gefüllt blühenden Sorten. Es scheint auch einige Stockrosen zu geben, die eher mehrjährig sind. Sie können das Leben Ihrer Stockrosen aber auch ganz leicht verlängern, indem Sie diese kurz nach der Blütezeit beschneiden. Dadurch verhindern Sie die Samenreife und die Stockrose treibt im nächsten Jahr erneut aus. Die Pflanze möchte sich erst verabschieden, wenn für Nachwuchs gesorgt ist, so unser Eindruck.

EIN ZARTER GENUSS

Ob Blatt, Stängel oder Blüten, alles kann roh gegessen werden. Die Blätter haben einen neutralen, milden Geschmack. Verwenden können wir die gesunden jungen Blätter, allerdings erfordert ihre Struktur eine durchdachte Verwendung. Die Blätter sind filzig und haarig: Größere Mengen, roh gegessen, sind daher eher gewöhnungsbedürftig. Mischt man sie aber klein geschnitten in Salate, können sie problemlos gegessen werden. Gekocht ergeben sie ein gutes Gemüse.

Die Blütenblätter sind eine wertvolle Dekoration für Salate, Drinks oder Shakes. Die vielen verschiedenen Blütenfarben laden zu Konfetti-Dekorationen ein: kunterbunt gemixt aus Weiß, Rot, Rosa, Lila oder Schwarz. Tolle Kombinationen lassen sich da finden. Die Blüten können Sie ebenso als erfrischenden Tee aufbrühen.
Unser Favorit ist die Lasagne, die alle Vorzüge der Stockrose zum Vorschein bringt. Auch unsere Gäste lieben sie. Man kann sie aber ebenso in Quiche, Aufläufen oder als Zutat in Kimchi verwenden.

MEIN TIPP

Ein sonniger und vor allem luftiger Standort schützt vor Malvenrost, einem Pilz, der die Blätter mit Flecken bedecken kann. Sammeln Sie nur die frischen makellosen Blätter.

Stockrosen-Lasagne mit grünem Pesto

WEM DER SINN NICHT NACH FLEISCH STEHT, DEM EMPFEHLEN WIR KRABBENFLEISCH ODER ANDERE MEERESFRÜCHTE.

ZUBEREITUNGSZEIT:
2 Stunden

FÜR 4–6 PERSONEN:
Béchamel-Sauce
250 ml Milch
1 kleine Zwiebel
1 TL Kreuzkümmel
1 Lorbeerblatt
10 Nelken
30 g Butter
30 g Mehl
1 TL Muskat
Salz, Pfeffer

Lasagne
2 Zwiebeln
1 Knoblauchzehe
3 EL Öl
250 g gem. Hackfleisch
1 Dose Tomaten
Salz, Pfeffer
Zucker
200 g Stockrosenblätter
250 ml grünes Pesto
max. 5 EL Milch
125 g Mozzarella
50 g Parmesan
12 Lasagneblätter

ZUBEREITUNG:

Béchamel-Sauce
Die Milch in einem Topf langsam erhitzen. Eine Zwiebel schälen, fein hacken und zusammen mit Kreuzkümmel, Lorbeerblatt und gemörserten Nelken zur Milch geben. Aufkochen lassen und alles zugedeckt bei kleiner Hitze ca. 30 Minuten ziehen lassen.

Butter in einer Pfanne erhitzen, das Mehl darin unter ständigem Rühren anschwitzen. Es soll eine glatte Masse frei von Klümpchen entstehen. Nach und nach die warme Milch zugeben und mit einem Schneebesen einrühren. 200 ml Wasser einrühren und ca. 10 Minuten bei geringer Hitze kochen lassen, damit sich der Mehlgeschmack verliert. Durch erneutes Aufkochen oder die Zugabe von Wasser kann die gewünschte Konsistenz erzielt werden – dick-cremig soll die Sauce sein. Mit Muskat, Salz und Pfeffer würzen.

Lasagne
Die beiden Zwiebeln und den Knoblauch schälen und sehr fein hacken. Öl erhitzen, Zwiebeln und Knoblauch darin glasig dünsten. Hackfleisch dazugeben und unter Rühren krümelig hellbraun anbraten. Die Tomaten unterrühren, kurz aufkochen lassen, mit Salz, Pfeffer und einer Prise Zucker würzen. Abkühlen lassen.

Die Stockrosenblätter waschen, in kleine Stückchen schneiden und in einem Topf mit dem Pesto vermischen. 150 ml Wasser zugeben und bei mittlerer Hitze ca. 10 Minuten kochen lassen, sodass eine breiige Masse entsteht. Pürieren und zur Seite stellen.

Sollte die Béchamel-Sauce zu dickflüssig geworden sein, mit 1–5 EL Milch verrühren. Mozarella würfeln, Parmesan fein reiben und beides in die Sauce geben.

Backofen auf 190 °C vorheizen. Eine ofenfeste Form fetten und italienisch, nämlich rot–weiß–grün, schichten: Tomaten-Hackfleisch-Sauce, Lasagne-Blätter, Stockrosen-Pesto, Lasagne-Blätter, Béchamel-Sauce, bis alle Zutaten verbraucht sind. Die oberste Schicht soll aus Béchamel-Sauce bestehen. Im vorgeheizten Ofen bei 190 °C auf der mittleren Schiene 30–40 Minuten goldgelb backen.

Kornelkirsche

[CORNUS MAS]

AUF EINEN BLICK

Was ernten:
Früchte, sowohl unreif als auch reif
Wann ernten:
Unreife Früchte im Frühling, reife Früchte im Herbst
Wie essen:
Roh, getrocknet oder konserviert

Wie kommen Sie aber an Kornelkirschen heran? Es lohnt sich, in der näheren Umgebung zu schauen, denn die kostbaren Früchte werden bislang kaum gesammelt. Am besten scannen Sie im frühen Frühling die Landschaft nach gelb blühenden Sträuchern ab. Im Herbst sind sie durch ihre knallroten ovalen Früchte zu erkennen.

Gärtnerisch wird heute das Beste aus der Frucht herausgekitzelt, denn viele neue Veredelungen bieten deutlich größere Früchte. Bei Wildform und Veredelung sind die Kerne gleich groß, das Fruchtfleisch ist bei der Veredelung aber 4–6mal größer. Für den Verzehr spricht daher alles für die Veredelungen, die heute überall im Handel angeboten werden. Bei uns im Essgarten haben sich die Sorten *Cornus mas* 'Kasanlaker' und 'Jolico' bewährt.

In verschiedenen Ländern wird die Kornelkirsche traditionell verarbeitet. In der Türkei gilt sie als Bestandteil eines Obstsaftes, *Sherbert* genannt. Die Franzosen machen einen Wein aus der Kornelkirsche, den *Vin de cornouille*. Und die Norweger nutzen die Blüten, um ihre – möglichst selbst gebrannten – alkoholischen Getränke damit zu würzen.

UNREIF ODER VOLLREIF – DAS IST HIER DIE FRAGE

Geerntet werden die Früchte sowohl unreif als auch bei Vollreife. Die unreifen Früchte werden als Oliven verarbeitet – unsere nördliche Alternative zur mediterranen Delikatesse. Doch erst wenn die Früchte vollreif sind, entwickeln sie ihren einzigartigen, auf der Zunge schmelzenden Geschmack. Ein Test: Die Vollreife ist erst erreicht, wenn man mit der Zunge die Frucht gegen den Gaumen zerdrücken kann. Vorsicht, denn Ungeduld wird bestraft! Sind die Früchte nicht reif genug, lernen Sie die Bedeutung von adstringierend kennen. Eine Bitterkeit, die den Mund zusammenziehen lässt – gefühlt berührt die eine Wange die andere, und das bei geschlossenem Mund. Eine gute Methode ist es, die Früchte rot zu ernten und an einem geschützten Platz nachreifen zu lassen. Alle 2–3 Tage werden die Früchte überprüft und die vollreifen aussortiert. Sie können direkt konsumiert oder für den späteren Verzehr eingefroren werden; ideal also, wenn Sie später größere Mengen brauchen.

Die ungleichmäßige und ein wenig umständliche Reifung ist sicher einer der Gründe, dass Kornelkirschen nicht im Handel angeboten werden. Geschmacklich gehören sie nämlich zur oberen Gourmet-Liga. Ein anderer Grund ist sicher der unwiderstehliche Geschmack, Erntehelfer können sich dabei kaum beherrschen. Im Essgarten gibt es jedes Jahr aufs Neue ein Wettrennen um die reifen Früchte, die gerade vom Baum gefallen sind. Manchmal gewinnen die Hunde, manchmal die Kinder und manchmal wir.

Deutsche Oliven

DIE PERFEKTE BEILAGE ZUM APERITIF.

ZUBEREITUNGSZEIT:
20 Minuten

FÜR 4–6 PERSONEN:
500 g unreife gelblich-orange Kornelkirschen
1 l gesättigte Salzlösung (350 g Salz auf 1 l Wasser)
1 Bund Rosmarin
1 Bund Dill
2 Knoblauchzehen
20 g schwarze Pfefferkörner
1 EL Fenchelsamen
1 EL Wacholder
Chili
Olivenöl

ZUBEREITUNG:

Die Kornelkirschen waschen und dabei die kleinen grünen Stiele entfernen. Zum Einlegen braucht man eine gesättigte Salzlösung. Das Salz dazu in einem großen Glas mit dem Wasser vermischen, kräftig umrühren. Die Kornelkirschen dazugeben, gut umrühren. Die Salzlösung sollte etwa doppelt so hoch im Glas stehen wie die Kornelkirschen. Durch die hohe Salzkonzentration treiben die Kornelkirschen anfangs nach oben.

Das Glas verschließen und während der nächsten ca. 3 Wochen täglich einmal schütteln oder umrühren. Nach und nach werden die Kornelkirschen mit Salz gesättigt und sinken auf den Boden. Nun können sie als Oliven eingelegt werden.

Die Kornelkirschen in ein Sieb abgießen und die Salzlösung mit Wasser gut abbrausen. Abtropfen lassen und mit einem Tuch abtrocknen.

Inzwischen den Knoblauch schälen, fein hacken und mit den frischen, fein geschnittenen Kräutern pürieren. Je nach Geschmack kann man Kräuter ergänzen oder weglassen. Die pürierte Mischung mit einigen EL Olivenöl verrühren. Pfefferkörner, Fenchelsamen, Wacholder und Chili hinzugeben.
Die Kornelkirschen mit dem Kräuteröl in sterilisierte kleine Schraubgläser schichten. Zum Schluss mit Olivenöl aufgießen, so dass die Kirschen komplett bedeckt sind. Gut verschließen und 2–3 Monate an einem dunklen Ort ruhen lassen. Die Oliven sind sehr lange haltbar.

MEIN TIPP

Das gleiche Rezept funktioniert auch mit unreifen Schlehen. Die eingelegten Schlehen eignen sich zum Würzen von Wildgerichten oder als Oliven auf einer Pizza oder in Pastasaucen.

Kornelkirschen-Sorbet

ZU BESONDEREN ANLÄSSEN SERVIEREN SIE DAS SORBET ALS KUGEL IN EINEM BREITEN, SCHÖNEN GLAS – GEFÜLLT MIT CHAMPAGNER.

ZUBEREITUNGSZEIT:
40 Minuten,
2–3 Stunden Kühlung

FÜR 4–6 PERSONEN:
500 g reife Kornelkirschen (alternativ Sauerkirschen)
125 ml Milch
50 g Puderzucker
100 g weiße Schokolade
150 ml Sekt

ZUBEREITUNG:

Die Kornelkirschen vorsichtig waschen und die kleinen Stiele aussortieren. Die Kerne entfernen. Damit sie sich besser lösen, gegebenenfalls in etwas Wasser kurz aufkochen. Sollte die Kornelkirschenmenge nicht reichen, können Sie mit Sauerkirschen ergänzen.

Die Früchte mit der Milch und dem Puderzucker in einer großen Schüssel mischen, pürieren und ca. 1 Stunde abkühlen lassen. Die abgedeckte Schüssel in das Tiefkühlfach oder die Tiefkühltruhe stellen, ca. 1–2 Stunden leicht anfrieren lassen, dazwischen 4–5-mal herausholen und kräftig umrühren. Die Gläser für kurze Zeit in die Kühlung stellen.

Inzwischen die Schokolade fein hobeln und die Hälfte unter das Sorbet heben. Vorgekühlten eiskalten Sekt in die gekühlten Gläser verteilen, je eine Kugel Sorbet hineingeben. Mit dem Rest der weißen Schokolade dekorieren, sofort servieren.

> **MEIN TIPP**
>
> Joghurt nach Bulgaren-Art: Schneiden Sie drei kleine Zweige der Kornelkirsche in ca. 3 cm große Stücke, waschen diese und geben sie dann in ein Glas mit 100 ml handwarmer, nicht-pasteurisierter Milch. Zugedeckt an einen warmen Platz stellen – und nach 8–12 Stunden ist ein leckerer Joghurt fertig. Zweige vor dem Verzehr herausnehmen.

Kamelie

[CAMELLIA JAPONICA]

AUF EINEN BLICK

Was ernten:
Blütenblätter, Blätter
Wann ernten:
Blüten im Frühling,
Blätter im Sommer
Wie essen:
Blütenblätter roh
oder gekocht,
Blätter gekocht

Diesen wunderschönen immergrünen Zierstrauch sieht man meist nur in Wintergärten, aber immer häufiger auch im Freiland. Die Kamelie ist wesentlich winterhärter als man allgemein glaubt. In wintermilden Regionen gedeiht sie problemlos auch im Außenbereich. Selbst bei uns im Essgarten – also in Norddeutschland – hat sie, allerdings geschützt vor kalten Ostwinden und Wintersonne, bereits Wintertemperaturen von -18 °C ohne Schaden überstanden.

Ihre Blütenblätter sind essbar und laden im Frühling zu tollen Farbspielen ein. Es gibt sie nämlich in verschiedenen Varianten mit weißen, roten, rosa oder lachsfarbenen Blüten.

Die Blätter können als Tee verwendet werden. Nicht verwunderlich, wenn man weiß, dass die nahe Verwandte *Camellia sinensis*, die Chinesische Kamelie, in Ostasien seit Jahrtausenden als Teepflanze dient. Aus ihren Blättern werden der Grüne und der fermentierte Schwarze Tee gewonnen.

FARBSPIELE OHNE GRENZEN

Der Geschmack der Blütenblätter ist neutral. Interessant sind vor allem die tollen Farbeffekte, die man damit kreieren kann. Sie müssen aber darauf achten, dass bei der Verarbeitung die Blütenblätter nicht zu warm werden: Ihre frische Frühlingsfarbe behalten sie nur bei Temperaturen unter 30 °C.

Traditionell werden die Blütenblätter in den japanischen Mochi verwendet, den Reiskuchen, die in Japan vor allem zur Jahreswende gegessen werden. Sie können Salate mit den Blütenblättern verschönern oder aber essbare Kunstwerke mit Sushi-Reis gestalten.

Geschichtet als Zebratorte oder gerollt in der Biskuitrolle – einfach nur toll. Gerade Kinder haben hieran einen Riesenspaß. Es spricht auch nichts dagegen, Reis einmal etwas süßlich mit Vanillezucker, Zimt oder Anis zu würzen. Mit einem entsprechenden Obstkompott und den Blüten zur Dekoration wird ein toll aussehendes, gut schmeckendes Dessert daraus.

Bei allen Rezepten sollten Sie auf einen schönen passenden Kontrast achten: Weiße Blütenblätter mit weißem Reis sind wohl weniger spektakulär.

Festtagstorte mit Kamelien

GANZ EDEL WIRD DIE TORTE, WENN SIE ALLEIN WEISSE KAMELIENBLÜTEN NEHMEN.

ZUBEREITUNGSZEIT:
1 Stunde

FÜR 12 STÜCKE:
Rührteig
125 g weiche Butter
250 g Zucker
1 Päckchen Vanillezucker
4 Eier
500 g Mehl
1 Päckchen Backpulver
Füllung
8 EL Erdbeermarmelade
4 cl Rosen- oder Orangenlikör
300 g Mascarpone
Dekoration
5 Kamelienblüten
150 g Zucker
Fondant
450 g weißen Fondant
Puderzucker

ZUBEREITUNG:

Den Ofen auf 175 °C vorheizen. Butter, Zucker und Vanillezucker mit dem Handrührgerät schaumig schlagen. Die Eier nach und nach dazugeben, einrühren. Das Mehl mit dem Backpulver mischen, schrittweise zur Masse geben und alles zu einem glatten Teig verarbeiten.

Den Teig in eine gefettete 24er-Springform füllen und bei 175 °C ca. 30 Minuten auf der mittleren Schiene backen.

Den Boden aus der Form lösen, auf einem Kuchenrost erkalten lassen, anschließend zweimal waagrecht durchschneiden, sodass drei gleichmäßig dicke Böden entstehen. Achten Sie darauf, einen möglichst geraden Boden für die Decke zurückzuhalten, damit Ihre Torte schön glatt aussieht.

Marmelade mit Likör und Mascarpone gut verrühren, gleichmäßig auf jeden Boden streichen und die Böden übereinanderschichten.

100 ml Wasser erhitzen, Zucker einstreuen und zum Kochen bringen. Etwas abkühlen lassen. Die Blüten in die Zuckerlösung tauchen. Sie sind so zart, dass sie sich in der Masse verändern. Wenn man die Masse auf ein Stück Backpapier gießt, kann man die Einzelblüten aus der Zuckermasse herausziehen und einzeln auf Abstand trocknen. Etwas auseinander zupfen und fest werden lassen.

Den Fondant nach Packungsanleitung verkneten, zu einer Kugel formen und dünn (ca. 45 cm Ø) auf Puderzucker ausrollen, wie eine Decke über die gefüllte Torte legen. Die überstehenden Ränder abschneiden und nach Belieben mit den gezuckerten Kamelienblüten dekorieren.

Zierquitten

[CHAENOMELES]

AUF EINEN BLICK

Was ernten:
Reife Früchte

Wann ernten:
Herbst

Wie essen:
Gekocht

Diese aus Ostasien stammenden Sträucher werden häufig in Parks und Gärten als Zierpflanzen verwendet. Die starke und anspruchslose Pflanze verträgt starken Schnitt und ist industriefest, also unempfindlich gegen Luftverschmutzung und Schadstoffe: Aus diesem Grund wird sie oft in Großanlagen verwendet. Die Zierquitte eignet sich aber auch besonders für naturnahe Gärten, denn ihre Früchte werden gern von Vögeln gefressen.

Innerhalb der Gattung gibt es verschiedene Arten, unter anderem die japanische und die chinesische Zierquitte. Alle haben die gleichen Eigenschaften, wobei die Früchte der chinesischen Zierquitte deutlich größer sind – sie bildet 6 cm große apfelförmige Früchte aus. Eine andere außergewöhnliche Art mit bis zu 15 cm großen Früchten, *Chaenomeles cathayensis*, scheint leider schwierig in Kultur. Sie ist uns im Essgarten bisher, obwohl völlig winterhart, immer wieder eingegangen.

EIN AROMATISCHES OBST

Bei uns ist die Verwendung in der Küche noch relativ unbekannt. In anderen Ländern, wie z. B in Schweden, werden sie sogar als Gelee im Handel angeboten. Auf unserer Reise durchs Baltikum haben wir gesehen, wie Zierquitten auf Märkten als normales Obst angeboten werden. Ganz zu Recht, wie wir finden! Die Verwendung ist ähnlich wie die des großen Bruders, der normalen Quitte. Zierquitten schmecken aber wesentlich interessanter – deutlich aromatischer mit einem fast parfümierten Geschmack.

Die Verarbeitung ist allerdings eine Herausforderung. Die Früchte sind ziemlich hart, hierdurch lassen sich Samen und Gehäuse nur mühsam entfernen. Hilfreich ist es, die Früchte erst zu kochen und dann das Fruchtfleisch durch ein Sieb zu drücken, um die Kerne zu entfernen. Das Fruchtfleisch wird dann weiterverarbeitet.

MEIN TIPP

Mittlerweile hat sich die Zierquitte zum Geheimtipp entwickelt. Mit verschiedenen Blühfarben können Sie eine undurchdringliche, dekorative und dabei essbare Hecke pflanzen.

Würziges Zierquittenchutney mit Rosinen

ÜBERRASCHEND KOMBINIERT MIT EISKALTEM HERBEN CIDRE UND EINER PRISE KARDAMOM.

ZUBEREITUNGSZEIT:
45 Minuten

FÜR 4–6 PERSONEN:
- 300 g frisch gepflückte Zierquitten
- 2 mittelgroße Zwiebeln
- 20 g Ingwer
- 1 Knoblauchzehe
- 6 EL Olivenöl
- 200 ml Apfelsaft
- 200 g Zucker
- 100 g Rosinen
- 1 TL Zimt
- 4 Nelken
- 2 TL Curry
- Salz
- Pfeffer
- Essig
- Chilipulver oder Chilisauce

ZUBEREITUNG:

Die frisch gepflückten Zierquitten gründlich säubern, vierteln und das Kerngehäuse entnehmen.

Zwiebeln, Ingwer und Knoblauchzehe schälen und fein hacken. 6 EL Olivenöl in einem großen Topf erhitzen, die drei Zutaten darin andünsten, bis die Zwiebeln glasig werden. Die zerkleinerten Zierquitten zufügen und kurz mit andünsten.

Apfelsaft zufügen, kurz aufkochen lassen. Den Zucker dazugeben, 30–45 Minuten bei kleiner Hitze einkochen lassen. Rosinen, Zimt, zerkleinerte Nelken und Curry hineingeben, gut mischen. Anschließend mit Salz und Pfeffer abschmecken.

¼ der Masse entnehmen und zur Seite stellen. Die größere Menge mit dem Pürierstab zerkleinern, dann alles wieder zusammenmischen. Für den richtigen süßsauren Geschmack mit einem Schuss Essig Ihrer Wahl abschmecken, Chilipulver oder Chilisauce nach Geschmack für die gewünschte Schärfe zugeben.

Das Chutney lässt sich mit vielen Beilagen variieren. Wir lieben es zu herzhaften Zutaten wie Käse, Lammwurst oder Thunfisch. Oder servieren Sie gekochte Gemüsestückchen dazu – ideal sind Sellerie, Karotten oder Süßkartoffeln. Dazu reichen wir getoastetes Weißbrot.

MEIN TIPP

In Kombination mit Bananen, Cranberry oder Minze lässt sich aus Zierquitten eine herrliche Marmelade herstellen – ideal als Geschenk oder für den eigenen Frühstückstisch.

Linde

[TILIA]

AUF EINEN BLICK

Was ernten:
Junge Blätter und Knospen, Baumsaft

Wann ernten:
Von Frühling bis Herbst

Wie essen:
Blätter roh oder gekocht, Blüten als Tee, Baumsaft gekocht

In vielen Orten gibt es Restaurants und Hotels, die nach diesem Baum benannt sind. Der Name „Zur Linde" ließ aber bislang keine Rückschlüsse auf die Küche oder ihre Köche zu. Das könnte sich aber nun ändern, denn die Linde ist eine hervorragende Quelle für frisches gesundes und nahrhaftes Grün. Gut zu wissen: Alle Linden haben essbare Blätter.

In bestimmten kulinarischen Kreisen – vor allem aber im Essgarten – wird bereits diskutiert, welche Lindenart am besten schmeckt: Sommerlinde, Winterlinde oder Europäische Linde. Zum Vergleich haben wir im Essgarten gleich sieben verschiedene essbare Linden gepflanzt. Das Urteil unserer Gäste: Alle sind gleich gut.

GUT ZU WISSEN

Vorsicht ist bei der Verwendung von zu alten Blüten geboten, die bereits welk aussehen. Sie könnten zu narkotischen Vergiftungserscheinungen führen.

SAFTIGE ÜBERRASCHUNGEN

Die Linde ist Ihnen sicher bekannt als Lieferant für Honig und Tee. Unserer Meinung nach sind die Blätter aber viel besser als der Tee: im jungen Alter herrlich zart und mild im Geschmack, eine frische Ergänzung in Salaten, auf dem Butterbrot oder leicht gedünstet als Gemüse.

Aber richtig interessant ist das Abzapfen des Baumsaftes im Frühling. Kurz bevor die Blätter treiben, wird ein Loch bis unter die Rinde gebohrt. Mit einem Röhrchen kann man den Saft in einen Behälter leiten. Ähnlich wie bei der Herstellung des Ahornsirups wird der Saft erwärmt und bis auf etwa 1/10 des Anfangsvolumens eingekocht: herrlicher Lindensirup! Hierzu dürfen aber nur Bäume mit einem Durchmesser von über 30 cm verwendet werden. Nach dem Abzapfen sollte man eine Pause von 2–3 Jahren einlegen, denn sonst wird der Baum zu sehr geschwächt. Zapfen Sie aber keine Bäume in Parks oder auf fremden Grundstücken an – nur die eigenen Bäume!

MEIN TIPP

Dieser mächtige Baum kann durch Rückschnitt auch in kleineren Gärten zum Gemüselieferanten erzogen werden. Linden können rigoros zurückgeschnitten werden und treiben dann mit vielen Trieben wieder aus. So können wir immer reichlich junge Blätter ernten, bis tief in den Herbst hinein.

Roter Lindenknospensalat mediterran

EIN LEICHTES ESSEN FÜR HEISSE FRÜHLINGSTAGE – GEKÜHLT MIT FRISCHEM BAGUETTE.

ZUBEREITUNGSZEIT:
60 Minuten,
15 Minuten ruhen lassen

FÜR 4–6 PERSONEN:
50 g frisch gepflückte Lindenknospen
500 g Rote Bete
1 mittelgroße Zwiebel
100 ml Essig
100 g Zucker
20 schwarze Oliven
3 EL Olivenöl
100 g Schmand
Salz
Pfeffer
150 g Feta

ZUBEREITUNG:

Die Lindenknospen reinigen und dabei die kleinen braunen Blütenblätter entfernen.

Die Roten Beten waschen, in kochendem Wasser zugedeckt bei mittlerer Hitze mindestens 45 Minuten kochen. Die Knollen herausnehmen, abkühlen lassen. Am besten mit Gummihandschuhen pellen, damit die rote Farbe die Hände nicht verfärbt, und in kleine Stückchen schneiden.

Inzwischen die Zwiebel schälen und sehr fein hacken. Essig erwärmen, den Zucker in den kochenden Essig rühren, abkühlen lassen. Die Oliven halbieren.

Die klein geschnittenen Roten Beten, Lindenknospen, Zwiebeln und Oliven mit dem Essig-Zucker-Sud vermischen. Das Öl und den Schmand unterrühren. Mit ein wenig Salz und Pfeffer abschmecken, kurze Zeit durchziehen lassen.

Den Feta in kleine Stückchen zerbröseln und kurz vor dem Servieren den Salat damit dekorieren.

Quiche Tilia mit Zwiebeln und Schinken

DAS GLEICHE REZEPT FUNKTIONIERT AUCH LECKER MIT GIERSCH UND BRENNNESSELSPITZEN.

ZUBEREITUNGSZEIT:
60 Minuten

FÜR 4–6 PERSONEN:
200 g Mehl
Salz
100 g Butter
210 ml Milch
100 g Lindenblätter
100 g Schinken
2 mittelgroße Zwiebeln
1 EL Olivenöl
150 g Sahne
3 Eier
100 g geriebener Käse
Pfeffer

ZUBEREITUNG:

Für den Teig das Mehl mit ¼ TL Salz in einer Schüssel mischen. Die Butter in kleine Stücke schneiden und mit 4 EL Milch zum Mehl geben. Alles mit den Händen oder einem Handrührgerät zu einem glatten Teig verarbeiten. Den Teig in einer Springform (28 cm) verteilen, dabei einen Rand von ca. 3 cm hochziehen. Kalt stellen.

Den Backofen auf 200 °C vorheizen. Die Lindenblätter vorsichtig waschen, dann abtropfen lassen. Inzwischen den Schinken klein schneiden, die Zwiebeln schälen und fein hacken. Zusammen in 1 EL Öl anbraten, die Lindenblätter zum Schluss sehr kurz dazugeben.

Die restliche Milch, Sahne, Eier und den geriebenen Käse vermischen, unter die Schinken-Lindenblätter-Masse geben. Mit Salz und Pfeffer abschmecken, auf dem Teig verteilen.

Im vorgeheizten Backofen bei 200 °C ca. 30 Minuten backen.

MEIN TIPP

Lindenblätterknospen und Lindenblüten lassen sich problemlos einfrieren. Vorher nur kurz blanchieren.

Echter Hopfen

[HUMULUS LUPULUS]

AUF EINEN BLICK

Was ernten:
Junge Triebe bis 15 cm
Wann ernten:
Frühling
Wie essen:
Gekocht

Beim Hopfen denkt wohl jeder erst einmal an die Bierherstellung. Dass es noch weitere kulinarische Verwendungsformen für ihn gibt, mag den einen oder anderen verwundern. Und dabei wächst in vielen deutschen, österreichischen oder schweizer Gärten das teuerste Gemüse der Welt: Hopfensprossen.

In Belgien werden sie seit Jahrhunderten geschätzt. Normalerweise geht die Ernte von Mitte März bis Ende April. Mittlerweile werden dort aber auch Kulturen in Gewächshäusern mit Bodenheizung gezogen. Hierdurch ist es möglich, bereits kurz vor Weihnachten das begehrte Gemüse zu ernten. Beliebt sind die unterirdischen, noch weißen Triebe. Die weißen Hopfensprossen erzielen um Weihnachten nicht selten einen Preis von über 1000 Euro pro Kilo.

GUT ZU WISSEN

Vorsicht, denn empfindliche Personen oder Allergiker könnten im Sommer bei der Berührung der frischen Hopfenzapfen mit Haut- und Augenreizungen reagieren. Die Ernte im Frühling ist jedoch komplett problemlos.

STERNEKÜCHE FÜR ZU HAUSE

Am besten sind zwar die unterirdischen vom Sonnenlicht geschonten weißen Sprossen – doch für uns bedeutet diese Herangehensweise zu viel Aufwand mit zu viel Buddeln und Putzen. Deutlich einfacher zu ernten sind die jungen Triebe, wenn sie ca. 15 cm über der Erde erscheinen. Der Geschmack verdient das Prädikat sanft. Die Sprossen müssen allerdings vor dem Genuss kurz gekocht werden, denn in rohem Zustand gibt es kleine störende Härchen. In Belgien kursieren zahllose Rezepte und verschiedene Sternerestaurants bieten das Gemüse im Frühling in den ausgefallensten Zubereitungsarten an. Ob mit Fisch, Meeresfrüchten oder Ei – das zarte Gemüse lässt sich endlos kombinieren. Es gibt sogar Desserts – leichte und reichhaltige – mit den Sprossen: „Crème Chibouste" und andere. Also ab in den Garten und ran an den Hopfen. Oder Sie fahren im Frühling einfach nach Belgien: Die kleine Stadt Poperinge in Westflandern, nur wenige Kilometer von Frankreich entfernt, richtet jedes Jahr zur Hopfenernte eine große Hopfenparade aus. Und die Restaurants werben dort mit dem ultimativen regionalen Gourmeterlebnis. Doch die Konkurrenz schläft nicht: Im Essgarten in der Nähe von Bremen werden seit kurzem auch Hopfensprossen angeboten! Eine Ernte schadet der Pflanze keineswegs, denn es werden immer wieder neue Triebe gebildet.

MEIN TIPP

Hopfen sollten Sie für einen kontrollierten Anbau im Garten ausschließlich in einem großen Gefäß oder innerhalb einer Rhizomsperre pflanzen. Nur so wird er sich nicht über Wurzelausläufer ausbreiten.

Belgische Hopfensprossen mit Champignons

SERVIEREN SIE DAZU EINES DER HERVORRAGENDEN BELGISCHEN BIERE: WIE WÄRE ES MIT DEM SAUERKIRSCHBIER KRIEK LAMBIC?

ZUBEREITUNGSZEIT:
35 Minuten

FÜR 4–6 PERSONEN:
2 mittelgroße Zwiebeln
5 EL Olivenöl
250 g Champignons
250 g frisch geerntete Hopfensprossen
100 g saure Sahne
Salz
Pfeffer
1 Baguette
Frische Petersilie

ZUBEREITUNG:

Die Zwiebeln schälen und klein schneiden. In einem Topf 3 EL Öl erhitzen und die Zwiebeln darin bei mittlerer Hitze glasig dünsten. Die Champignons putzen und eventuell kurz kalt abspülen, dann je nach Größe halbieren oder vierteln. Zu den Zwiebeln geben, leicht braun anbraten.

Den Backofen auf 200 °C vorheizen. Die ca. 15 cm langen Hopfensprossen reinigen und dritteln, zu den Champignons geben. Die saure Sahne langsam einrühren, damit sie nicht ausflockt, mit Salz, Pfeffer abschmecken.

Das Baguette in dicke Scheiben schneiden. Jede Scheibe mit ein paar Tropfen Olivenöl beträufeln. Auf ein mit Backpapier ausgekleidetes Backblech legen, in den Ofen schieben (Mitte) und in ca. 10 Minuten knusprig braun backen. Inzwischen die Petersilie waschen und klein schneiden. Die Champignon-Hopfenmischung auf den Scheiben verteilen und mit der Petersilie dekorieren.

MEIN TIPP

Hopfensprossen sind nicht nur lecker, sondern auch dekorativ. Sie lassen sich schön wickeln, z. B. um Spargel, Karotten- oder Zucchinistreifen.

Duftrosen

[ROSA]

AUF EINEN BLICK

Was ernten:
Blüten
Wann ernten:
Sommer
Wie essen:
Roh oder gekocht

GUT ZU WISSEN

Achten sie darauf, bei der Ernte Handschuhe zu tragen. Vor allem wegen der dornigen Zweige, aber nicht zuletzt wegen der „Mitbewerber".

Rosen sollten schön sein und vor allem auch duften. Und, nicht zuletzt, den Gaumen erfreuen. Sie schmecken nämlich auch wunderbar. Im Orient ist dies seit langem bekannt: Akribisch werden die Pflanzen gehütet, um die wertvollen Blüten zum richtigen Zeitpunkt zu ernten. Schwierige Qual der Wahl: Die Blüten sind oft zu schön, um gegessen zu werden – und andererseits schmecken sie zweifelsohne zu gut, um nur angeschaut zu werden.

Und gut riechen kann man sie auch noch. Würden sie auch noch zuhören können, wären sie die idealen Lebenspartner. Zu Speisezwecken empfehlen wir Ihnen, sich vor dem Kauf durch die Gärtnereien zu schnuppern. Bei der Auswahl sollten Sie natürlich vor allem auf einen intensiven angenehmen Geruch achten, ebenso auf die Gesundheit der Pflanzen. Toller Duft und tadellose Fitness werden gesucht.

Die Liste der geeigneten Duftrosen ist lang: *Rosa* 'Comte de Chambord', *R.* 'Fisherman's Friend', *R.* 'Rose de Resht', *R.* 'Augusta Luise', *R.* 'Westerland', *R.* 'Sutters Gold' sind nur einige Beispiele. Die Sorte, die Ihnen vom Geruch her gut gefällt, schmeckt Ihnen vermutlich auch sehr gut. Denn beim Essen müssen Geschmacks- und Geruchssinn sowieso zusammenwirken – nur so entsteht ein harmonisches Empfinden. Bei der Suche müssen Sie sich aber nicht nur auf exklusive Gärtnereien beschränken. Eine unserer besten und gesündesten Duftrosen haben wir im Baumarkt erworben.

BEKANNTES – UND UNBEKANNTES

Duftrosen können vielseitig in der Küche verwendet werden. Der Rosensirup, den Sie durch unser Rezept zubereiten lernen, ist sehr praktisch. Er lässt sich über lange Zeit lagern und dient als tolle Zutat in Limonaden und Sekt. Der Rosenlikör passt natürlich auch zu süßen Desserts und überraschend gut zu herzhaften Speisen. Er ist ein absoluter Renner bei uns im Essgarten!

Er lässt sich endlos kombinieren – mit Feigen, Ingwer, Erdbeeren, Birne oder Wassermelone. Auf unserer Reise durch den Oman haben wir eine weitere überraschende Verwendung schätzen gelernt: Man gibt dort einen Schuss Rosenlikör in den Kaffee. Probieren Sie doch mal – und genießen. Ein orientalischer Geheimtipp.

MEIN TIPP

Ernten Sie die Rosenblüten kurz vor ihrer vollen Entfaltung, damit die Blüten die optimale Menge an Duftstoffen enthalten – am besten also am späten Vormittag.

Rosenblütensirup

SCHMECKT FANTASTISCH MIT EINEM GUTEN TROCKENEN SEKT – ODER ALKOHOLFREI MIT MINERALWASSER UND MINZBLÄTTERN. ABER IMMER GARNIERT MIT EINEM SCHÖNEN BLÜTENBLATT.

ZUBEREITUNGSZEIT:
20 Minuten,
1 Tag ruhen lassen

FÜR CA. 1,5 LITER:
10 ganze Rosenblüten, ungespritzt
10 g Zitronensäure
1 l Wasser
1 kg Zucker

ZUBEREITUNG:

Die Blüten der Duftrosen erntet man am besten an einem trockenen sonnigen Tag. Die noch frischen Rosenblütenblätter vorsichtig abzupfen, von eventuellen Insekten befreien.

Die Zitronensäure in 1 Liter Wasser auflösen und mit den Rosenblütenblättern 24 Stunden zugedeckt stehen lassen. Die Blütenblätter durch ein Sieb abseihen, den Rosensud auffangen und mit 1 kg Zucker verrühren.

Saubere und gut verschließbare Glasflaschen bereitstellen. Die Zucker-Mischung einmal aufkochen lassen, mit Hilfe eines Trichters in die Flaschen abfüllen und sogleich verschließen.

Wenn sauber gearbeitet wurde, hält der Sirup bis zu einem Jahr. Nach Anbruch der Flaschen kalt stellen.

MEIN TIPP

Mit ein wenig Fantasie können Sie Ihren ganz eigenen Rosenlikör kreieren: für Getränke ergänzen Sie z. B. mit Minze und Ananas, für herzhafte Gerichte mit Knoblauch, Ingwer und Nelken. Tüfteln Sie ruhig ein wenig, denn häufig bringt die kleine Prise mehr oder weniger den größten Effekt. Vergessen Sie aber nicht, die Rezeptur Ihrer perfekten Mischung aufzuschreiben. Rosenlikör eignet sich für vieles, schützt aber nicht vor Vergesslichkeit!

Gemeiner Flieder

[SYRINGA VULGARIS]

AUF EINEN BLICK

Was ernten:
Blüten

Wann ernten:
Frühling

Wie essen:
Roh oder gekocht

Im Essgarten sollte alles essbar sein. Nur eine Ausnahme haben wir gemacht – Flieder. Denn so ein toller Strauch musste einfach auch ein Plätzchen haben. „Und der ist auch essbar?", haben viele Gäste gefragt. Seine Ausnahmeposition haben wir immer mit seiner bezaubernden Schönheit erklärt. Doch dann bekamen wir eine neue zuverlässige Quelle zu essbaren Pflanzen. Im Großen und Ganzen war diese mit unserer Erfahrung deckungsgleich, bot aber in Sachen Flieder neue Erkenntnisse. Ganz überrascht mussten wir feststellen, dass auch der Flieder sehr wohl versteckte kulinarische Eigenschaften hat. Und bei näherer Betrachtung ist er sehr einladend, denn die wunderhübschen kleinen Blüten stehen in fast verschwenderischen Mengen zur Verfügung.

GUT ZU WISSEN

Der in unseren Gärten so beliebte Gemeine Flieder ist unbedenklich und essbar. Weltweit gibt es 25 verschiedene Fliederarten: Bevor Sie im Urlaub experimentieren, lesen Sie bitte die Hinweise auf Seite 8–9.

Und damit hat sich unser Garten plötzlich um eine weitere Pflanze zum Experimentieren erweitert. Nun können wir kaum den Frühling erwarten, um mit diesen farbenfrohen Blüten weitere Gerichte zu verfeinern. Und jedes neue Rezept erhöht unsere Begeisterung! Geschmacks- und Geruchssinn müssen sowieso zusammenwirken – nur so entsteht ein harmonisches Empfinden.

VIELSEITIGE BLÜTENPRACHT

Man kann die Fliederblüten sowohl roh als auch gekocht essen. Sie haben einen neutralen Geschmack und können demzufolge in vielen Gerichten verwendet werden. Die Stiele der Blütenrispen sind aber bitter und sollten nicht konsumiert werden. Wir streifen die Blüten mit den Fingern oder mit Hilfe einer Gabel ab. Ihr typischer Geruch verleiht Gerichten eine extra Duftnote. Die dekorativen Möglichkeiten sind schier unendlich, denn es gibt ganz verschiedene Farben: kontrastreich oder harmonisierend, blau, violett, rötlich oder weiß. Und alle sind sie zur essbaren Deko einfach toll.

Bunter Couscous

UND SO EINFACH LÄSST SICH DER FRÜHLING SERVIEREN!

ZUBEREITUNGSZEIT:
30 Minuten

FÜR 4–6 PERSONEN:
600 ml Gemüsebrühe
500 g Couscous
3 EL Butter
Salz
Pfeffer
3 reife Avocados
4 EL Olivenöl
4 EL Zitronensaft
1 Apfel
2 Möhren
¼ Paprika
1 kleine Zwiebel
2 kleine Knoblauchzehen
1 Essiggurke
1 TL Koriander
1 TL Vanillezucker
4–6 farbige Fliederblütenrispen

ZUBEREITUNG:

Die Gemüsebrühe zum Kochen bringen, von der Herdplatte nehmen. Den Couscous dazugeben, gut umrühren und ca. 3 Minuten quellen lassen. Die Butter unterrühren. Abkühlen lassen, mit Salz und Pfeffer würzen.

Die reifen Avocados in zwei Hälften teilen, den Kern entnehmen, das Fruchtfleisch mit der Gabel zerdrücken. Mit dem Öl und Zitronensaft zu einer glatten Masse vermischen, zum abgekühlten Couscous geben.

Den Apfel durchschneiden, das Kerngehäuse entfernen und in kleine Stückchen schneiden. Die Möhren schälen und in feine Würfel schneiden. Die Paprika putzen, waschen und ¼ davon klein würfeln. Zwiebel und Knoblauchzehen schälen und sehr fein hacken. Eine Essiggurke in kleine Würfel schneiden. Zum Couscous geben, gut durchmischen und mit Koriander, Vanillezucker, Salz und Pfeffer würzen. Zugedeckt abkühlen lassen.

Inzwischen die Fliederblütenrispen auf Verunreinigungen kontrollieren und säubern, dabei besonders auf Insekten achten. Die Fliederblüten mit den Fingern oder einer Gabel von den grünen Stielen trennen. Couscous auf Teller verteilen und mit den Fliederblüten nach Belieben dekorieren.

> **MEIN TIPP**
>
> Experimentieren Sie ruhig ein wenig mit Ihren Lieblingsgewürzen. Wir lieben eine Kombination aus Kreuzkümmel, Muskat, Zimt, frischer Pfefferminze, Koriander, Salzzitronen, Ras el-Hanout, Baharat und der scharfen Chilipaste Harissa.

Fliederblütengebäck

UNSER LECKERSTES GEBÄCK MIT SAHNE UND MANDELN.

ZUBEREITUNGSZEIT:
40 Minuten

FÜR 4–6 PERSONEN:
2 Fliederblütenrispen
60 g Butter
125 g Zucker
250 g Mehl
1 Messerspitze Backpulver
75 ml Milch
1 Ei
1,5 TL Kurkuma
1,5 TL Dillspitzen getrocknet
Schlagsahne zum Dekorieren
30 g gehackte Mandeln
Puderzucker

ZUBEREITUNG:

Die Fliederblütenrispen säubern und von Insekten befreien. Die Fliederblüten mit den Fingern oder einer Gabel von den grünen Stielen trennen.

Butter und Zucker schaumig rühren. Mehl mit Backpulver mischen, dazugeben. Milch mit dem Ei verrühren, Kurkuma und Dillspitzen hinzugeben. Alles zusammen zu einem glatten Teig verkneten.

Den Backofen vorheizen. Den Teig auf einer bemehlten Fläche zu einer 20 cm langen und 3 cm dicken Rolle formen, in 1,5 cm dicke Scheiben schneiden. Die Scheiben zu Kugeln drehen und auf ein mit Backpapier ausgekleidetes Backblech legen. Die Kugeln flach drücken, sodass in der Mitte eine Mulde für die Füllung entsteht. Im vorgeheizten Backofen ca. 20 Minuten bei 175 °C goldbraun backen.

Abkühlen lassen. Sahne steif schlagen und in die Vertiefung füllen. Mit gehackten Mandeln und frischen Fliederblüten dekorieren. Wer mag, kann das Gebäck zum Schluss mit etwas Puderzucker überstäuben.

MEIN TIPP

Sehr elegant sind die weißen Blüten auf weißen Speisen. Ob Nachtisch oder Kuchen mit Sahne – ein wenig Deko mit weißen Blüten wertet jedes Gericht im Handumdrehen auf.

Bambus

[PHYLLOSTACHYS]

AUF EINEN BLICK

Was ernten:
Junge Triebe
Wann ernten:
Frühling
Wie essen:
Gekocht

Essbare Bambustriebe aus deutschen Gärten? Sicher! Weltweit gibt es etwa tausend verschiedene Arten, von denen über 100 winterhart sind. Von diesen 100 sind um die 10 Arten sowohl winterhart als auch ergiebig und wohlschmeckend. Die Stängel der besten Arten haben einen Durchmesser von 4–5 cm. Erstaunlicherweise erreichen die Triebe diesen beachtlichen Durchmesser bereits im Erntestadium von 30 cm – also den gleichen Durchmesser, den sie auch noch in ihrer endgültigen Höhe von einigen Metern tragen. So kommt bei der Ernte schnell eine ordentliche Mahlzeit zusammen. Tropische Arten erreichen einen Durchmesser von über 30 cm. In gut sortierten Asia-Läden und Feinkostgeschäften gibt es mittlerweile frische Sprossen aus tropischer Herkunft zum Probieren.

Im Essgarten haben wir uns für acht Arten entschieden: Anfang Mai fangen die ersten Arten an zu treiben, nach und nach die anderen. So werden wir bis Ende Juni mit frischen Trieben versorgt. Ein japanischer Besucher geriet richtig ins Schwärmen, denn in Japan gilt Bambus als Festgemüse. Er ist dort heiß begehrt und sehr geschätzt.

GUT ZU WISSEN

Es gibt über 100 winterharte Bambusarten in Deutschland, alle mit unterschiedlichen Eigenschaften und unterschiedlichem Geschmack. Alle sind essbar, manche Arten jedoch bitter. Gute Speisearten für unser Klima sind beispielsweise Schwarzrohrbambus (Phyllostachys nigra) und Goldrohrbambus (P. aurea). Weitere Arten finden sie auf www.pfaf.org (siehe Seite 8–9).

KNACKIGE SPITZENKÜCHE

Frische Bambussprossen von guter Qualität sind nicht mit der Ware aus dem Glas oder der Dose zu vergleichen. Ähnlich wie bei Erbsen ist die frische Ware deutlich besser als die eingeweckten Produkte. Von unseren Gästen hören wir immer wieder die gleichen Assoziationen: schmeckt wie Kohlrabi, Artischocken oder Spargel, aber immer knackig. Die Triebe werden im Frühling bei einer Länge von bis zu 30 cm geerntet. Man versucht auch, sie 5 cm unter der Erde abzuschneiden. Vor der Zubereitung sollten Sie die Spitze und die äußeren Schutzblätter entfernen. Beim Schneiden merken Sie schnell, welcher Teil der Triebe geeignet ist: In der Regel ist dieser insgesamt butterweich und besonders schmackhaft. Zu harte Teile sollten nicht mehr verwertet werden – sie sind beim Verzehr eher unangenehm.

MEIN TIPP

Gebleichte Bambussprossen schmecken ähnlich wie Spargel, aber deutlich milder. Sobald sich die ersten Triebe zeigen, häufelt man sie mit Erde an. Sonnenlicht setzt, ähnlich wie beim Spargel, Bitterstoffe frei.

Frische Bambussprossen mit Ananas

PROBIEREN SIE BEIDE VARIANTEN – UND FINDEN DABEI IHREN FAVORITEN. DAS REZEPT SCHMECKT OHNE ERDNUSSBUTTER, NOCH KÖSTLICHER WIRD ES MIT!

ZUBEREITUNGSZEIT:
30 Minuten

FÜR 4–6 PERSONEN:
400 g frische Bambussprossen
2 mittelgroße Zwiebeln
40 g Ingwer
3 EL Olivenöl
1 rote Paprikaschote
250 g frische Ananas
400 ml Kokosmilch
Salz
Pfeffer
Chilipulver
Chilisauce, süßsauer
200 g Cashewkerne
Variante mit
150 g Erdnussbutter

ZUBEREITUNG:
Die Bambussprossen putzen, abwaschen und in kleine Ringe schneiden. Zwiebeln und Ingwer schälen, fein hacken und in Olivenöl andünsten. Die Bambussprossen zufügen und bei niedriger Hitze nur kurz garen. Dabei auf die gewünschte Knackigkeit überprüfen.

Die Paprikaschote halbieren, putzen, waschen und in kleine Würfel schneiden. Frische Ananas zerteilen und klein schneiden. Zu den Bambussprossen geben. Kokosmilch zugießen, mit Salz und Pfeffer würzen. Mit Chilipulver und Chilisauce nach Geschmack verfeinern. Wir mögen das Gericht richtig scharf. Zum Schluss erst die Cashewkerne zufügen, damit das Gericht einen gewissen Biss erhält.

Vielleicht probieren Sie auch einmal die indonesische Variante mit Erdnussbutter? In den ehemaligen niederländischen Kolonien Indonesien und Surinam wird häufig mit Erdnüssen gekocht. Dies haben die Holländer übernommen – und wir lieben es. Ich finde, das Rezept bittet geradezu um diese Zutat. Geben Sie die Erdnussbutter vor den Cashewkernen zum Gericht.

Ein guter gekochter Langkornreis passt zu beiden Varianten.

MEIN TIPP
Gut sortierte Asia- oder Feinkostläden führen nicht nur frische Bambussprossen, sondern auch Sezchuan-Pfeffer. Versuchen Sie ihn unbedingt! Sie werden sich in beide Zutaten verlieben und verstehen, warum wir sie in vielen Rezepten kombinieren oder auch mit anderen Ingredienzien verwenden.

Gewöhnliche Berberitze

[BERBERIS VULGARIS]

AUF EINEN BLICK

Was ernten:
Blätter, Früchte

Wann ernten:
Blätter im Frühling,
Früchte im Herbst

Wie essen:
Roh oder gekocht

Der geläufige Name für die Gewöhnliche Berberitze ist Sauerdorn. Diese Bezeichnung stimmt ganz und gar, denn der Stauch hat Dornen und die Früchte sind sauer. Der Sauerdorn ist in der freien Natur fast vollständig verschwunden, doch wird er zunehmend als heimisches Wildobst wiederentdeckt. Kein Wunder, dass er an Popularität gewinnt, denn neben seiner vorzüglichen Speisequalitäten hat er auch einen hohen Zierwert. Das wunderschöne duftende gelbe Blütenmeer im Frühling und nicht zuletzt der Anblick im Herbst überzeugt mit tausenden von kleinen roten Beeren. Ein wunderschöner Blickfang im Garten – und zugleich begehrtes Futter für die Vögel.

GUT ZU WISSEN

Es gibt 36 verschiedene Berberitzenarten, die als essbar gelten. Doch nicht alle Zierberberitzen, die von Baumschulen angeboten werden, gehören dazu. Einige Arten haben einen hohen Anteil an Alkoloiden und sind nicht zum Verzehr geeignet. Vor Verwendung klären Sie am besten mit der Datenbank www.pfaf.org (siehe Seite 8–9) ab, ob Sie die richtige Berberitze im Garten haben.

STATT ESSIG ZU VERWENDEN

Im Essgarten ist dieser Strauch einer der Renner, denn seine Früchte können überall verwertet werden, wo Essig nötig ist. Wenig verwunderlich, denn er wird auch Essigbeere genannt. Zur Verwertung frieren Sie kleine Portionen ein. Am besten trocknen Sie die Beeren vorher einen Tag in der Sonne, damit die Früchte nicht aneinanderkleben. Mittlerweile werden getrocknete Beeren auch häufig im Handel angeboten – ideal, wenn Sie nicht genug eigene Früchte ernten konnten. Toll ist, dass der saure Geschmack sich nicht über das ganze Gericht verteilt, sondern immer wieder kleine saure Geschmacksinseln für Überraschungen sorgen. Ob es dieser Effekt ist, der auch in der orientalischen Küche so geschätzt wird, wissen wir nicht. Auf jeden Fall gibt es dort unendlich viele Variationen von unserem Rezept, dem Berberitzenreis.

Nicht zuletzt können die Blätter der Gewöhnlichen Berberitze gegessen werden. Ihr saurer Geschmack wird in Gemüsegerichten geschätzt. Man kann sie aber ebenso klein geschnitten als saure „Petersilie" nutzen.

Berberitzenreis Sereschk Polo mit Huhn

FÜR BESONDERE ANLÄSSE EMPFEHLEN WIR GRANATAPFELSAFT MIT EINER SCHEIBE LIMETTE – EIN ORIENTALISCH FRISCHER GENUSS. PUR ODER MIT WEISSWEIN GEMISCHT.

ZUBEREITUNGSZEIT:
45 Minuten

FÜR 4–6 PERSONEN:
- 1 Bio-Zitrone
- 800 g Hühnerbrüste, mit oder ohne Haut
- Salz
- 1 TL Zimt
- 1 TL Pfeffer
- 2 TL Ras al Hanout
- 2 EL Sesamöl
- 50 g Butter
- 500 g Reis
- 4 EL salzige Sojasoße
- 300 Möhren
- 4 EL Schnittlauch
- 100 g Berberitzenbeeren
- 100 g getrocknete Aprikosen
- 1 Bund Schnittlauch
- 1 TL geriebene Mandeln und/oder zerkleinerte Pistazien

ZUBEREITUNG:

Die Zitrone schälen, die Schale sehr fein schneiden, den Saft auspressen. Die Hühnerbrüste salzen und gut mit den Gewürzen und der Zitronenschale einreiben. In einer großen Pfanne Öl erhitzen, die Hühnerbrüste kräftig anbraten und bei niedriger Hitze je nach Größe ca. 20–25 Minuten garen.

Die Butter in einer Teflonpfanne erhitzen, den Reis zugeben und kurz anbraten. Mit 200 ml heißem Wasser löschen, Zitronensaft und Sojasoße zufügen. Immer wieder ein wenig heißes Wasser dazugeben, bis der Reis gar ist.

Inzwischen die Möhren schälen und in kleine Stücke würfeln. Kurz bevor der Reis gar ist zufügen. Die Berberitzenbeeren waschen und abtropfen lassen. Die getrockneten Aprikosen in feine Streifen schneiden. Beeren und Aprikosen zum Reis zufügen, mit Salz abschmecken und eventuell nachwürzen. Schnittlauch waschen, abtropfen lassen und in feine Ringe schneiden.

Die Hühnerbrust in kleine Stücke schneiden, unter den Reis heben und vor dem Servieren mit Schnittlauchröllchen, geriebenen Mandeln oder zerkleinerten Pistazien dekorieren.

MEIN TIPP

Im Essgarten verwenden wir die Berberitzen regelmäßig in deftigen Gerichten und Salaten. Statt einem Schluck Essig nehmen wir eine kleine Handvoll Berberitzen. Sieht besser aus, ist gesünder – und schmeckt uns besser.

Gemeine Pimpernuss [STAPHYLEA PINNATA]

AUF EINEN BLICK

Was ernten:
Nüsse
Wann ernten:
Junge unreife Nüsschen im Frühling,
reife Nüsse im Herbst
Wie essen:
Roh oder gekocht

Die Gemeine Pimpernuss gehört zu den einheimischen Wildgehölzen, ist aber selten geworden und steht unter Naturschutz. Ihren Name verdankt sie wohl vor allem ihren Früchten, die bei Vollreife klappern – oder eben „pimpern", wie es im Mittelhochdeutschen heißt. Im Innern der aufgeblasenen Kapselfrucht sitzen mehrere Nüsse, die beim Schütteln Geräusche machen.

Die Pimpernuss ist im Essgarten vor allem im Juni ein gern besuchter Strauch. Unsere Besucher schenken diesem schönen Zierstrauch große Aufmerksamkeit, denn seine dekorativen Früchte machen einfach neugierig. Die Kapseln sind zudem eine Zierde in allen Blumengestecken.

GUT ZU WISSEN

Achten Sie beim Erwerb der Pimpernuss unbedingt auf den richtigen lateinischen Namen, denn die botanische Familie ist kunterbunt. Die Amerikanische Pimpernuss (Staphylea trifoliata), eine Verwandte der Gemeinen Pimpernuss, sieht ähnlich aus. Doch braucht man zum Essen ihrer Nüsse eine Lupe, denn sie sind superklein. Interessanter ist die Kolchische Pimpernuss (Staphylea colchica), deren Blüten in der georgischen Küche vielseitig eingesetzt werden: Die eingelegten Blütenknospen namens „Dschondscholi" schmecken ähnlich wie Kapern.

VIELSEITIGE BLÜTENPRACHT

Die Pimpernuss scheint besonders geeignet, um Kinder an Unbekanntes und Gesundes heranzuführen. Die unreifen und noch weichen Nüsse sind weiß und schmecken nach Zuckererbsen. Das Besondere: Alle sind eingepackt wie kleine Geschenke. Wenn Sie die Nüsse als Zuckererbsen ernten wollen, sollten sie noch eine helle Farbe haben, ähnlich wie ein Kindergebiss. Verfärben sie sich bräunlich, wird die Schale schon ein wenig zu hart. Die Farbe der Hülle verrät Ihnen, wie die Nüsschen aussehen: Verfärbt sich die Hülle braun, fängt innen schon die Bildung der Nussschale an.

Eine Überraschung erwartet den, der bis zum Herbst wartet: Die braunen Nüsse lassen sich knacken – und innen wartet ein pistaziengrünes Nüsschen mit Pistaziengeschmack. Wie gut die kleinen Nüsschen schmecken, belegen sogar archäologische Funde: Bereits in der Bronzezeit galten Pimpernüsse als Nahrungsmittel. Mittlerweile wird diese alte Tradition im Süden Deutschlands wiederbelebt, eine Firma im Bayerischen Wald verarbeitet die Ernte zu Pimpernussikör.

MEIN TIPP

Für Kinder ist nur Fantasie und Spaß beim Basteln gefragt. Die jungen Nüsse sehen aus wie Perlen – und lassen sich prima zu essbarem Schmuck verarbeiten.

Pimpernusskaviar

DIESES REZEPT KANN ENDLOS VARIIERT WERDEN – SOWOHL MIT SÜSSEM ODER SALZIGEM. WIE WÄRE ES ZUM BEISPIEL MIT GERÄUCHERTEM FISCH?

ZUBEREITUNGSZEIT:
30 Minuten

FÜR 4–6 PERSONEN:
- 12 Pralinenpapierförmchen
- 50–60 junge Pimpernüsse
- 50 g Butter
- 75 g Biskuitkekse
- 2 EL frischer Schnittlauch
- 2 EL frische Petersilie
- 2 kleine Knoblauchzehen
- Salz
- Paprikapulver

ZUBEREITUNG:

Setzen Sie die Pralinenpapierförmchen in einen stabilen Behälter, ideal eignen sich Muffinbleche o Ä. Pro Förmchen 4–5 Pimpernüsschen platzieren.

Die Butter in einem Topf bei kleiner Hitze langsam schmelzen lassen. Die Biskuitkekse zerkrümeln. Die frischen Kräuter waschen, abtropfen lassen und in feine Ringe schneiden. Den Knoblauch schälen und sehr fein zerkleinern. Alles gut mit der Butter vermischen.

Die warme Masse mit Salz abschmecken und gleichmäßig über die Förmchen verteilen. Dabei gut andrücken, aber nicht zu fest. Im Kühlschrank abgedeckt abkühlen lassen. Auf Teller verteilen, mit einem Hauch Paprika – Hauptsache, etwas Rotem – dekorieren, dann servieren.

MEIN TIPP

Die Nüsse lassen sich vorsichtig mit dem Hammer knacken. Danach werden sie in der Pfanne leicht geröstet, mit Salz gewürzt und abgekühlt. Schon kann geknabbert werden! Bei uns ist dies eine schöne, jährlich wiederkehrende Tradition, die besonders die Kinder lieben.

Essigbaum

[RHUS TYPHINA]

AUF EINEN BLICK

Was ernten:
Früchte
Wann ernten:
Herbst
Wie essen:
Roh oder gekocht

Wer kennt ihn nicht, den Essigbaum? Der Essigbaum oder Hirschkolbensumach ist eine Pflanzenart innerhalb der botanischen Familie der Sumachgewächse. Obwohl er schon seit Jahrhunderten in Europa als Zierpflanze angebaut wird, kennt hierzulande kaum jemand seine Verwendung in der Küche. Der Familienname gibt jedoch schon die Richtung an – Sumach, ein orientalisches Gewürz.

Ideal für die Ernte: Der Essigbaum ist bereits in vielen Gärten vertreten. Doch aufgepasst, ohne kontrollierten Anbau hat man bald Zutaten für eine Großfamilie. Entweder pflanzen Sie ihn in kleinen Gärten in einen großen Pflanzkübel oder aber innerhalb einer Rhizomsperre, damit er sich nicht über Wurzelausläufer ausbreiten kann.

GUT ZU WISSEN

Sehr empfindliche Personen sollten bei der Ernte aufpassen, nicht mit dem Baumsaft in Berührung zu kommen, um keine Hautreizungen zu riskieren. Tragen Sie bei der Ernte am besten Kleidung, die Arme und Beine bedeckt.

WENN ES SAUER SEIN SOLL

Der Essigbaum ist ein naher Verwandter des Gewürzsumachs (Rhus coriaria): ein herrliches Gewürz aus der orientalischen Küche. Man streut den Gewürzsumach dort großzügig über Salate oder Fleisch- und Reisgerichte. Ähnlich lassen sich auch die Früchte des Essigbaumes verwenden. Seinen Namen hat er nicht umsonst: Die Früchte werden seit eh und je wegen ihrer angenehmen aromatischen Säure geschätzt. Nur in Europa ist das bisher noch ziemlich unbekannt.

Man erntet die dunklen lilafarbenen Blütenfruchtkolben. Zur Verwendung als Gewürz werden die Früchtchen abgestreift und frisch in der Küche verwendet. Wenn die Saison im Herbst startet, raten wir Ihnen, Ihre Lieblingsrezepte damit zu ergänzen. Jedes Mal, wenn Sie Knoblauch, Kerbel, Sesam, Minze, Thymian, Kreuzkümmel oder Knoblauch verwenden, fügen Sie ein wenig „Essigbaumsumach" zu. Eingefroren geben wir die Früchte im Sommer auch zu Erdbeeren. Solange ein wenig Säure zum Gericht passt, geben wir eine klare Erfolgsgarantie. Optisch wirksam sind die kleinen leuchtenden karmesinroten Früchtchen, die auch zur Limonadenherstellung verwertet werden. Früher war die „Indianerlimonade" ein beliebtes Getränk in den USA. Im Essgarten ist sie bei fast jedermann beliebt und die Herstellung geht ruck, zuck. Wir stellen Ihnen eine Variation des Basisrezeptes vor.

MEIN TIPP

Zur Konservierung scheint die Trocknung wenig geeignet, da die Früchte dabei ihre Säure verlieren. Bessere Ergebnisse haben wir mit dem Einfrieren gemacht – sowohl die Farbe als auch der Geschmack bleiben dabei wenigstens über ein Jahr erhalten.

Indian Lemonade spezial

ÜBERRASCHEN SIE IHREN BESUCH MIT DIESEM TRADITIONELLEN AMERIKANISCHEN ERFRISCHUNGSGETRÄNK – ODER SERVIEREN SIE EINIGE FRÜCHTCHEN IN OUZO ALS APERITIF.

ZUBEREITUNGSZEIT:
45 Minuten,
4 Stunden ruhen lassen

FÜR 4–6 PERSONEN:
6 frische Blütenfruchtkolben
1 Bio-Zitrone
1 Orange
2 Liter Wasser
½ TL Pfeffer
¼ TL Kreuzkümmel
¼ TL Zimt
100 g Erdbeermarmelade
Zucker

Wir bereiten eine Variation des eigentlichen Basisrezeptes zu. Die frisch gepflückten Blütenfruchtkolben säubern, vor allem von Insekten befreien. Wir breiten sie dazu auf einem großen Tisch aus und schütteln sie leicht.

Die Zitrone waschen oder abreiben, in feine Scheiben schneiden. Die Orange schälen, in grobe Stücke zerteilen.

Die Blütenfruchtkolben mit den Zitronenscheiben und Orangenstücken in lauwarmes Wasser geben, die Gewürze zufügen und umrühren. Einige Stunden ziehen lassen.

Ein kleines Glas der Flüssigkeit entnehmen, darin die Erdbeermarmelade auflösen und wieder zurück in die große Menge geben. 2–4 Stunden kühl stellen. Abschmecken nach Belieben, mit Zucker nachsüßen. Fertig!

Wir servieren die Indianerlimonade am liebsten in einer großen Bowle-Schüssel. Am besten sieben Sie die Flüssigkeit beim Eingießen ab, um eventuell losgelöste Früchtchen des Essigbaumes zu entfernen.

MEIN TIPP

Das Basisrezept ist denkbar einfach: Es enthält nur Wasser, Essigbaumfruchtkolben und Zucker. Zwei Minuten Arbeit, dann eiskalt servieren. Die perfekte Erfrischung für Spätsommertage, als alkoholfreie Alternative zu Sekt.

Kobushi-Magnolie

[MAGNOLIA KOBUS]

AUF EINEN BLICK

Was ernten:
Blüten, Blätter

Wann ernten:
Blüten im Frühling,
Blätter im Spätsommer

Wie essen:
Blütenknospen, Blüten gekocht, Blätter getrocknet als Gewürz

Magnolien sind Blickfang und Gaumenfreude zugleich. Je nach Standort und Wetterlage bringt dieser Baum ab Anfang April wunderschöne duftende Blüten hervor. Für manche Leute sind sie zum Essen zu schön. Diese Bedenken hat es bei uns im Essgarten nur die ersten Jahre gegeben. Und nachdem sich unsere Familie im Frühling um die ersten Blüten fast gestritten hat, haben wir für jedes Familienmitglied einen eigenen Speisebaum gepflanzt. Ein wunderschöner Anblick, denn sie stehen in einer Gruppe. Von weitem sehen die Blüten so aus, als ob eine Wolke dauerhaft im Essgarten gelandet wäre. Mittlerweile tragen unsere Kobushi-Magnolien so gut, dass wir alle mehr als satt davon werden – und all unsere Besucher gut damit versorgen können.

GUT ZU WISSEN

Wir verwenden die Kobushi-Magnolie seit Jahren in großen Mengen in der Küche. Weitere empfehlenswerte essbare Magnolien finden Sie in der Datenbank www.pfaf.org (siehe Seite 8–9). Seien Sie vorsichtig, denn noch ist ungeklärt, ob wirklich alle Magnolien essbar sind.

DIE LECKERE SCHÖNE

Unser Hauptinteresse gilt der Blüte, doch auch die Blätter können geerntet werden. Man nutzt sie als Tee oder zerkrümelt als Gewürz. Dafür werden eher ältere Blätter genutzt, getrocknet und pulverisiert. Geschmacklich sind die Blätter allerdings sicherlich kein großes Highlight. Wir nutzen sie vor allem, um unsere Ernährung vielfältiger zu machen. Die Blüten und Blütenknospen haben in der Küche deutlich mehr zu bieten. Tradition sind bei uns im Essgarten die gefüllten Blüten, die wir einfach im Teigmantel frittieren. Dabei entstehen wunderhübsche essbare Skulpturen, und der milde, leicht parfümierte Geschmack wird teilweise von der Blüte auf den Teig übertragen. Ein einfaches Gericht mit absoluter Erfolgsgarantie für Gäste!

Machen Sie sich die Mühe und füllen die Blütenknospen vor dem Frittieren mit einer kontrastreichen Füllung. Wir lieben zum Beispiel eine gesalzene ganze Pistaziennuss, die mit einem Streifen getrockneter Pflaume umhüllt wird. In der Regel ist der Hunger nicht so groß, dass alle Blüten auf einmal gegessen werden können. Interessant finden wir daher Rezepte, wie man die Blüten schnell und schmackhaft konservieren kann. Wir sind richtig verliebt in die englische Variante: „pickled" oder, auf Deutsch gesagt, eingelegt. Das geht schnell, ist lecker, zudem hübsch und noch dazu gesund. Hat ein Hobbykoch noch mehr Wünsche?

MEIN TIPP

Die Blätter können geerntet und getrocknet werden, um sie später zu nutzen.

Eingelegte Magnolienblüten

EINE FRÜHLINGSHAFTE BEILAGE, DIE WIR GERN ZU ASIATISCHEN GERICHTEN SERVIEREN.

ZUBEREITUNGSZEIT:
30 Minuten,
30 Minuten für das Sterilisieren

FÜR 4–6 PERSONEN:
200–400 g frisch gepflückte Magnolienblüten
1 l Obstessig
1 kg Zucker
2 mittelgroße Zwiebeln, fein gehackt
4 Zimtstangen
8 ganze Sternanis
8 Lorbeerblätter
4 EL schwarze Pfefferkörner
etwas Zitronensaft

ZUBEREITUNG:

Beim Pflücken der Magnolienblüten sollten Sie vor allem die noch nicht ganz geöffneten Blüten und Blütenknospen wählen. Auf Insekten kontrollieren, gut ausschütteln, die grünen Kelchblätter entfernen. Die Blüten vorsichtig abwaschen.

Essig und Zucker zum Sirup aufkochen. Inzwischen die Zwiebeln schälen und fein hacken.

Die Blüten und Gewürze in große Weckgläser füllen. Dabei die Blüten immer wieder sanft andrücken, bis alle Blüten verstaut sind. Sehr hübsch sieht es aus, wenn Zimtstangen, Lorbeerblätter und Sternanis an der Außenseite platziert werden und gut sichtbar sind.

Die Weckgläser mit dem kochenden Sirup auffüllen, verschließen und anschließend noch 30 Minuten in einem Topf mit kochendem Wasser sterilisieren. So bleiben die Magnolienblüten einige Monate haltbar.

Ein wenig Sirup bleibt übrig, er kann abgefüllt und beim späteren Kochen verwendet werden. Eventuell werden einige Magnolienblüten braun durch die Oxidierung. Geschmacklich ist dies aber kein Problem. Wer zügig arbeitet, vermeidet die Bräunung. Ebenso hilft ein sterilisierter Stein, um beim Abfüllen das Hochtreiben der Blüten im Sud zu verhindern.

MEIN TIPP

Geben sie 1–2 kg frische gesäuberte Magnolienblätter in einen Kissenbezug und hängen diesen zum Trocknen in einen warmen Raum. Jeden 2.–3. Tag durchschütteln. Nach einigen Wochen die trockenen Blätter innerhalb des Kissenbezuges zerbröseln, die gröberen Teile dann auslesen. Mit ein wenig gutem Salz mischen und in hübsche Gläser füllen. Fertig ist ein feines Magnoliensalz!

Gewöhnlicher Schneeball

[VIBURNUM OPULUS]

AUF EINEN BLICK

Was ernten:
Früchte
Wann ernten:
Herbst
Wie essen:
Früchte gekocht

Seine knallroten Früchte zieren seit Jahren nicht nur unseren Garten bis in den späten Winter hinein, sondern auch unsere Essgarten-Broschüre. Im tiefsten Russland gelten die Früchte von *Viburnum opulus* als Spezialität und werden als ganz normale Speisequelle betrachtet. Schneeball ist dort unter dem Namen „Kalina" bekannt. Seit jeher werden Marmeladen aus den Beeren zubereitet oder – etwas kniffliger – eine herzhafte Soße.

Allgemein gilt Kalina in Russland als Cranberry-Ersatz. Wir denken, es ist andersherum: Cranberry ist Kalina-Ersatz. Cranberries sind in der Regel recht aufwendig zu ziehen und die Ernte ist entsprechend klein. In unseren Breiten ist die Anzucht und Ernte des Schneeballs viel einfacher als die der eigensinnigen Cranberry. Ein Schneeball liefert so viele Beeren, dass eine Familie allein sie kaum verwerten kann. Nicht umsonst wird die Pflanze im Englischen auch „american cranberry bush" genannt.

GUT ZU WISSEN

Die Gattung der Schneebälle ist kunterbunt: von wohlschmeckenden Beeren (z. B. Viburnum prunifolium, Pflaumenblättriger Schneeball) bis zu schwach giftigen Beeren. Siehe Seite 8–9.

BITTERKEIT, DIE SICH ZÄHMEN LÄSST

Die Beeren werden in verschiedenen Ländern gegessen. In Schweden gibt es beispielsweise Gerichte mit Honig. Wir halten uns gern an Rezepte, in denen auch rohe Cranberries verwendet werden können. Aber aufgepasst: Rohe Cranberries sind kaum genießbar, denn sie sind unheimlich bitter. Die Produkte, die im Supermarkt angeboten werden, bestehen daher hauptsächlich aus Zucker oder verstecktem Zucker – bis zu 65 %! Ähnlich bitter ist die Schneeballbeere. Angeraten ist es, sie nach den ersten Frösten zu ernten, denn dann verlieren die Früchte zunehmend an Bitterkeit. Beherzigen Sie daher besser unsere Devise, „am besten wie Eiswein ernten!" Und ehrlich auf den Punkt gebracht: Richtig dosiert und geerntet ist die Schneebeere ein Plus, falsch geerntet und dosiert ein großes Drama.

MEIN TIPP

Obwohl die Beeren in kleinen Mengen auch roh gegessen werden, empfehlen wir, sie vor der Verwendung zu kochen. Hierdurch verschwinden die letzten eventuell unverträglichen Inhaltsstoffe, sodass man eine hohe Verträglichkeit erreicht.

Kalina royal

SERVIEREN SIE EIN GLAS BLAUBEERSAFT ODER FRISCHEN APFELSAFT ALS HARMONISCHE ERGÄNZUNG ZU KALINA.

ZUBEREITUNGSZEIT:
30 Minuten

FÜR 4–6 PERSONEN:
50 g Schneeballbeeren
50 g Zucker
1 mittelgroße Zwiebel
300 g Sellerie
2 Äpfel
300 g frische Ananas
200 g Schmand
Salz

ZUBEREITUNG:

Die Schneeballbeeren kontrollieren und waschen. 10–20 Beeren zur Seite stellen. Die restlichen Beeren mit etwas Wasser und dem Zucker bei kleiner Hitze ca. 10 Minuten köcheln lassen. Die Beeren absieben, die Flüssigkeit zur Seite stellen.

Sellerie und Äpfel schälen, das Kerngehäuse der Äpfel entfernen, dann in kleine Stücke schneiden und in etwas Wasser dünsten. Die Ananas schälen und in kleine Stücke teilen. Zur Sellerie-Apfel-Mischung geben und den Schmand vorsichtig einrühren. Mit etwas Salz abschmecken.

Nach und nach die Schneeball-Zucker-Flüssigkeit zugeben. Unter ständigem Rühren immer wieder abschmecken, bis die richtige Geschmacksnote gefunden ist. Wir lieben Kalina royal etwas bitter und herzhaft. Nun die rohen Beeren zur Deko zufügen und einige Minuten garen lassen. Sehr lecker serviert zu Kartoffelpuffer.

MEIN TIPP

Kalina passt hervorragend zu Portwein oder Rotwein, schmeckt lecker in Gerichten mit Knoblauch, Rosinen und Ingwer.

Japanischer Blumenhartriegel [CORNUS KOUSA]

AUF EINEN BLICK

Was ernten:
Blätter, Früchte
Wann ernten:
Früchte im Herbst,
Blätter im Frühling
Wie essen:
Früchte roh oder gekocht,
junge Blätter gekocht

Dieser besonders schöne Zierstrauch ist mit seinen großen cremeweißen Blüten am richtigen Standort eine Pracht. Die Blütenblätter, eigentlich sind es die Hochblätter (Brakteen), umrahmen die grünlich gelben Köpfchen, die eigentlichen Blüten, aus denen sich die roten, ein wenig skurril geformten, aber sehr dekorativen Früchte entwickeln. Sie ähneln auf den ersten Blick den tropischen Litschis, nicht umsonst bezeichnen die Chinesen sie als Berglitschis. Die meisten Menschen tippen beim Ansehen erst einmal auf giftig. Und so ist die Überraschung, dass die Berglitschis zu den geschmacklichen Geheimtipps unserer Gärten gehören, umso größer.

Die Gattung *Cornus* splittet sich in viele Züchtungen, die hauptsächlich wegen der unterschiedlichen farbigen Hochblätter angeboten werden. Die Tracht variiert stark von Jahr zu Jahr: Vor allem nach feuchten Sommern bildet der Strauch reichlich Früchte aus. Gelegentliche Schauer sichern also die Wintervorräte und verbessern die Ernte, so unsere Beobachtung. Auch die Fruchtgröße wechselt von Strauch zu Strauch, die besten Sträucher tragen Früchte mit einem Durchmesser von 3–4 cm.

MAN NENNT SIE AUCH BERGLITSCHIS

Die Früchte sind süß und angenehm im Aroma. Bei Vollreife entwickeln sie ihren besten Geschmack. Der richtige Zeitpunkt zur Ernte ist da, wenn die Früchte sich leicht eindrücken lassen. Über den guten Geschmack sind sich fast alle Menschen einig – auch unsere Gäste im Essgarten. Doch die Geschmacksrichtung wird ganz unterschiedlich beschrieben: tropisch, nach Aprikose, Mango, Melone oder Papaya, so die häufigsten Meldungen. Die ledrige Schale ist zwar essbar, sollte aber nicht unbedingt verwendet werden. In Japan werden die Früchte in Alkohol eingelegt, und es wird eine Art von Fruchtlikör hergestellt.

Die jungen Blätter können im Frühling gekocht verwendet werden – sie sind aber unserer Meinung nach eindeutig die 2. Wahl im Vergleich zu den Früchten.

MEIN TIPP

Für garantiert guten Fruchtertrag empfehlen wir die Sorte *Cornus kousa* 'Big apple', deren Früchte manchen Gast an Papaya erinnern. Oder *C. kousa* 'Milky Way', eine ebenfalls sehr ertragreiche Sorte.

Blumenhartriegel mit Aprikose und Crème brulée

GENIESSEN SIE EIN GLAS GEKÜHLTEN ROSÉ MIT BERGLITSCHI ALS APERITIF.

ZUBEREITUNGSZEIT:
50 Minuten

FÜR 4–6 PERSONEN:
4–6 ofenfeste Schälchen
200 g frische Berglitschis (evtl. ergänzt mit Aprikosen)
Butter
150 ml Milch
200 g Zucker
1 Vanillezucker
200 g Sahne
4 Eier

ZUBEREITUNG:

Die weiche Fruchtmasse der Blumenhartriegelfrüchte (Berglitschis) aus der ledrigen Schale drücken. Mit wenig Wasser 1–2 Minuten erhitzen, dann durch ein Sieb streichen, um die Samen zu entfernen. Sollten Sie nicht genug Fruchtmasse bekommen haben, können Sie mit frischen Aprikosen ergänzen. Diese waschen, den Kern entfernen und pürieren.

Den Backofen auf 120 °C vorheizen. Die Schälchen gut einfetten, das Fruchtpüree auf dem Boden verteilen. Die Milch mit 50 g Zucker und dem Vanillezucker in einem Topf aufkochen, dann abkühlen lassen. Die Sahne unterrühren, nochmals aufkochen und abkühlen lassen. Die Eier trennen, Eigelbe mit 100 g Zucker cremig schlagen und zur Zuckersahne geben. Vorsichtig unterrühren.

Die Creme anschließend in die Schälchen füllen. In ein tiefes Backblech ca. 2 cm hoch Wasser gießen und die Schälchen hineinstellen. In den vorgeheizten Backofen schieben (Mitte), die Creme ca. 25 Minuten festigen lassen, bis sich eine Haut gebildet hat. Ofen ausschalten. Die Schälchen langsam bei geöffneter Ofentür abkühlen lassen, 1–2 Stunden kühl stellen.

Die Creme mit dem restlichen Zucker bestreuen und unter dem heißen Backofengrill 3–5 Minuten karamellisieren. Die Crème brulées sofort servieren.

Karamellbeere

[LEYCESTERIA FORMOSA]

AUF EINEN BLICK

Was ernten:
Reife Früchte

Wann ernten:
Herbst

Wie essen:
Roh oder gekocht

Eine viel gehörte Reaktion bei uns im Essgarten auf die Verköstigung der reifen Beeren ist: „Unglaublich, die schmecken tatsächlich nach Karamell!" Und damit fängt der Spaß erst an, denn der aus dem Himalaya stammende Strauch selbst ist wunderschön anzusehen. In klimatisch milden Regionen ist er winterhart. In frostigeren Regionen friert er im Winter meist zurück, treibt aber zuverlässig im Frühjahr wieder aus. Mit seiner Größe von ca. 150 cm ist er auch für kleinere Grundstücke geeignet.

Die Karamellbeere blüht prachtvoll von Juli–September in dunkellila-roten hängenden Dolden. Danach reifen die schwarzen ovalen Beeren nach und nach. Sehr vorteilhaft, denn es gibt immer wieder einmal eine kleine Ernte zum Naschen oder zum „Aufpeppen" von verschiedensten Gerichten. Die Bewertung „exotisch" stimmt definitiv: wegen ihres Aussehens, ihrer Herkunft und ihres Geschmacks. Und ebenso wegen der tollen Gerichte, in denen die Beeren Verwendung finden. Die hohlen Stängel laden zum Basteln ein, sind ideal zur Herstellung einfacher Flöten.

EINE EXOTISCHE SCHÖNE

Die Früchte erreichen erst bei Vollreife ihren angenehmen Geschmack. Die Beere ist dann fast schwarz, butterweich und löst sich ganz einfach. Die Früchte reifen in mehreren Abschnitten: zuerst die oberen Früchte, zuletzt die unteren. Es kann also sein, dass an einer Rispe oben die reifen Früchte zu sehen sind, ganz unten noch die Blüten. Ein unter der Pflanze ausgebreitetes Tuch erleichtert die Ernte ganz erheblich. Beim leichten Schütteln lösen sich die Früchte vom Strauch, und so ist die Ernte ein Kinderspiel, denn Sie müssen nur noch aufheben, was auf dem Tuch liegt. Je nach Größe des Strauches variiert die Erntemenge. Ihre Ernte können Sie, sowohl was Farbe als auch den Geschmack angeht, mit pürierten, getrockneten oder frischen Pflaumen „strecken". Karamellbeeren passen gut zu Walnüssen, Shiitakepilzen, Rosmarin und Orangenschalen. Und sicherlich finden Sie noch zahllose andere, ebenfalls gut geeignete Partner!

MEIN TIPP

Pflanzen Sie die Karamellbeeren 20 cm tiefer, als sie im Container stecken. Dadurch überlebt die Pflanze mit etwas Schutz sogar sehr strenge Winter.

Tiramisu formosa

MIT EINEM GUTEN ESPRESSO ERFREUEN SICH IHRE GÄSTE UMSO MEHR AN DEM TIRAMISU.

ZUBEREITUNGSZEIT:
20 Minuten

FÜR 4–6 PERSONEN:
3 Eier
100 g Zucker
500 g Mascarpone
250 g Karamellbeeren
(evtl. ergänzt mit Pflaumen)
300 g Löffelbiskuit
30 g Puderzucker
Kakao
frische Orangenschale

ZUBEREITUNG:
Die Eier trennen. Eigelbe mit dem Zucker verrühren, Mascarpone dazugeben und verrühren, bis eine gleichmäßige Creme entsteht. Eiweiße steif schlagen, den Eischnee behutsam unter die Macarpone-Creme heben.

Die Karamellbeeren können Sie mit Pflaumen ergänzen, sollten Sie keine ausreichende Menge ernten. Waschen, bei Bedarf etwas Wasser zugeben und zu einer glatten Masse pürieren.

In einer flachen schönen Glasschale in Schichten Löffelbiskuit, Fruchtmasse, eine dünne Lage Puderzucker, eine Schicht Creme geben. Noch einmal wiederholen, mit einer Schicht Creme enden. Mit ein wenig Kakao und frischer Orangenschale dekorieren. Sehr lecker serviert zu gutem Vanilleeis.

MEIN TIPP

Im Handel wird die Sorte *Leycesteria formosa* 'Purple Rain' angeboten, eine Zufallszüchtung mit doppelt so großen Früchten wie bei der ursprünglichen Art. Falls Sie also noch pflanzen wollen …

Japanische Aralie

[ARALIA ELATA]

AUF EINEN BLICK

Was ernten:
Junge, zarte Triebe
Wann ernten:
Frühling
Wie essen:
Gekocht

Aus der Pflanzenfamilie der Araliengewächse kommen mehrere Sträucher und Stauden mit hervorragenden essbaren Bestandteilen. Die bekannteste Zierpflanze dieser Familie ist wohl die Japanische Aralie, auch bekannt unter dem Namen Teufelskrückstock. Diese Bezeichnung ist einleuchtend, wenn man die Stämme mit ihren stachelbewehrten Zweigen betrachtet: Ein festes Zugreifen bedeutet sozusagen Erlebnispädagogik.

Diesen großen ostasiatischen Strauch findet man in vielen größeren Gärten. Doch welches Staunen, wenn man erfährt, dass sich dieser grüne Igel durchaus angenehm verzehren lässt. Nur gewusst, was und wann – und los geht's! Uns hat diese Pflanze so gut gefallen, dass wir im Essgarten eine kleine Allee gepflanzt haben. Diese spendet uns und unseren Gästen über einige Wochen Jahr für Jahr herrliches frisches Gemüse und einen tollen exotischen Anblick.

EINE SCHMACKHAFTE FRÜHLINGSBOTIN

Die jungen Triebe sind in Ostasien und Japan die kulinarische Einstimmung auf den Frühling. Man erntet sie am Ende der Äste, wenn sie gerade zu sprießen anfangen. In Japan bereitet man sie gern als Tempura, frittiertes Gemüse, zu. Man findet sie dort unter dem Namen „Taranome". Die koreanische Küche kennt ebenfalls verschiedene Rezepte: „Jeon", mit einer Art von Pfannkuchen kombiniert, oder „Dureup", mit Hackfleisch zubereitet. Doch auch die jungen Blatttriebe sind essbar.

Wir empfehlen sie aber nur im jungen Stadium, bevor die kleinen Stachel auf den Blättern aushärten. Zur Beurteilung wird der Trieb einfach gestreichelt und auf seine Verwendung beurteilt. Haben Sie erst das Gefühl dafür geschult, geht die Ernte recht schnell. Sie werden, wie wir, schnell ein geübtes Auge entwickeln und sehen, welche Teile der Pflanze noch zart und weich sind. Das junge Gemüse hat einen leicht würzigen Geschmack, es erinnert an Engelwurz. Die blanchierten Triebe können Sie auch in Salaten verwenden.

MEIN TIPP

Indem man die Japanische Aralie auf 2 Meter Höhe köpft, verzweigt sie sich und bildet mehrere Äste aus. Hierdurch ist eine ergiebigere und einfachere Ernte für die nächsten Jahre gesichert!

Würzige Aralie mit Anis

SERVIEREN SIE DIESES GERICHT MIT REIS UND RINDFLEISCH – ODER GANZ VEGETARISCH MIT ANGEBRATENEM TOFU.

ZUBEREITUNGSZEIT:
30 Minuten

FÜR 4–6 PERSONEN:
2–3 große Zwiebeln
2 Knoblauchzehen
3 EL Olivenöl
800 g passierte Tomaten
200 ml Apfelsaft
300 g frischer Spinat
100 g junge Aralientriebe
1 TL Zimt
1 TL Kreuzkümmel
1 TL Anis
1 TL Thymian
1 TL Muskatnuss
2–4 EL Zucker
Salz

ZUBEREITUNG:

Zwiebeln und Knoblauchzehen schälen und fein hacken. Das Öl in einem großen Topf erhitzen, Zwiebeln und Knoblauchzehen darin andünsten, bis die Zwiebeln glasig werden. Die passierten Tomaten und den Apfelsaft hinzugeben.

Den Spinat waschen und abtropfen lassen. Die Aralientriebe kontrollieren, dunkle Stellen entfernen, waschen und in kurze Streifen schneiden. Zur Zwiebel-Tomatenmasse geben, die Gewürze hinzufügen und bei niedriger Hitze für 5 Minuten köcheln lassen. Mit Salz und Zucker abschmecken.

Wir Holländer mögen es süß – Sie vielleicht nicht ganz so. Probieren Sie also und zuckern eventuell nach.

MEIN TIPP

Sind Sie auf den Geschmack gekommen, dann versuchen sie es doch einmal mit einer weiteren Pflanze aus der Familie der Araliengewächse. In Japan werden die gebleichten und blanchierten Frühlingssprossen der Staude Udo *(Aralia cordata)*, dem Japanischen Spargel, gegessen. Sie sind dort eine beliebte Delikatesse.

Passionsblume

[PASSIFLORA CAERULEA]

AUF EINEN BLICK

Was ernten:
Blüten, Früchte
Wann ernten:
Blüten im Sommer,
Früchte im Herbst
Wie essen:
Blüten roh oder gekocht,
reife Früchte roh,
unreife Früchte gekocht

„Essbare Kunst" trifft es vielleicht am besten – die Blüten sind ein essbares Meisterwerk der Natur. Die Blaue Passionsblume stammt ursprünglich aus dem nördlichen Argentinien und dem südlichen Brasilien. In milden Regionen ist sie bei uns sogar winterhart. In kälteren Regionen kann sie im Wintergarten oder als Zimmerpflanze gezogen werden. Und das ist nicht die einzige Überraschung, die diese Pflanze zu bieten hat!

GUT ZU WISSEN

Bevor Sie weitere Arten dieser Gattung ausprobieren und Blüten und Früchte in der Küche verwenden, kontrollieren Sie unbedingt mit der Datenbank www.pfaf.org (siehe Seite 8–9), ob die entsprechenden Pflanzen essbar sind.

KEINE IST SO SCHÖN WIE SIE

Die Blüten der Blauen Passionsblume können roh oder gekocht gegessen werden. Ihr Geschmack geht in Richtung grüne Bohnen. In unserer Küche geht es aber weniger um den Geschmack, sondern vielmehr darum, die Pracht der Passionsblume zur Geltung zu bringen. Mit etwas Geschick und Kreativität lassen sich wahre essbare Glanzstücke gestalten.

Mit etwas Glück bekommt die Pflanze auch Früchte. Zwar haben diese nicht die Qualität der bekannten Passionsfrucht, sie sind aber trotzdem gut zu essen. Warten Sie unbedingt, bis die Früchte ganz orange gefärbt sind. Doch erst beim Öffnen sehen Sie, ob sich Ihr Warten gelohnt hat: In manchen Fällen sind die Früchte taub, nur manchmal teilweise gefüllt mit einer fruchtigen Masse. Was aber genau der Auslöser für guten Fruchtansatz ist, blieb für uns bislang ein Mysterium. Wieder einmal ein Beispiel dafür, dass man im Garten nie ganz auslernt. Doch keine Not, auch wenn Sie nur taube Früchte ernten: Die grünen unreifen Früchte sind nach dem Garen essbar.

MEIN TIPP

Neben der Blauen Passionsblume, Passiflora caerulea, gibt es eine Züchtung, die weiße Blüten trägt, P. caerulea 'Constance Eliott'. Sie ist ideal für schöne harmonische und zugleich essbare Dekorationen. Wer es bunt mag, nutzt beide Farben.

Süße frittierte Passionsspießchen mit Feigen

UND ALS VORSPEISE FÜR EIN SCHÖNES MENÜ GARNIEREN SIE LECKEREN FRISCHKÄSE MIT EIN WENIG FRUCHTFLEISCH DER PASSIONSFRUCHT – AUF HERZHAFTEM BROT ODER SOLO.

ZUBEREITUNGSZEIT:
30 Minuten

FÜR 4–6 PERSONEN:
100 ml Milch
1 Ei
80 g Mehl
Salz
12 frisch gepflückte Passionsblüten
2 frische Feigen
60 g Marzipanmasse
1 TL Anis
Sonnenblumenöl

ZUBEREITUNG:

Milch, Ei und Mehl in einer großen Schüssel zu einem flüssigen Teig rühren. Mit Salz abschmecken.

Die Passionsblüten auf Insekten kontrollieren und vorsichtig reinigen, damit die Blüte heil bleibt. Alternativ können Sie auch Blütenknospen mit dem Stiel ernten.

Die reifen, aber keinesfalls überreifen Feigen in 4–5 mm dicke Scheiben schneiden. Die Marzipanmasse in 4–5 mm dicke Scheiben teilen. Man spießt nun die Zutaten auf dem Stiel der Blüten auf: erst die Feigenscheibe, dann das Marzipan. Anis gleichmäßig über die Blüten oder Knospen streuen. Die Spießchen in den Teig legen und drehen, sodass sich der Teig gut über Blüten, Feigen und Marzipan verteilt. Sonnenblumenöl auf 180 °C erhitzen. Testen Sie mit einem Holzlöffel, ob das Öl heiß genug ist. Schlägt es Blasen, können Sie die Spießchen einlegen. Spießchen in 2 Minuten goldgelb braten. Nach Belieben auf schöne Teller dekorieren und servieren.

> **MEIN TIPP**
>
> Wenn Sie mehr wollen empfehlen wir Ihnen diese kleine überraschend winterharte Schwester der Blauen Passionsblume: *Passiflora incarnata* 'Maypop'. Diese Art hat nach Meinung unserer Gäste überraschend leckere junge Blätter, die bereits roh sehr schmackhaft mit einer dünnen Schicht Frischkäse oder Pesto sind. Als Nebenwirkung wirken sie leicht beruhigend. Ihre Blüten sind essbar und unschlagbar schön! Mit etwas Glück ernten Sie als Bonus auch einige Früchte.

Straucheibisch

[HIBISCUS SYRIACUS]

AUF EINEN BLICK

Was ernten:
Junge Blätter, Blüten

Wann ernten:
Blätter im Frühling,
Blüten im Spätsommer

Wie essen:
Roh oder gekocht

Wieso ist der Straucheibisch auch als Festblume bekannt? Vielleicht wegen seiner Zier- oder Nahrungseigenschaften? In Europa aber ist er eindeutig eine Zierpflanze. Bislang! Garantiert, denn er ist ein nimmermüde werdender Lieferant von gut bekömmlichen Blättern und Blüten. Unser Wunschsortiment für den Garten ist eine blaue, eine rosa und eine weiße Sorte. Denn wenn Sie einmal, wie wir, auf den Geschmack gekommen sind, gehören die Blütenblätter unbedingt als Standardzutat in spätsommerliche Festspeisen.

Und wenn in Ihrem eigenen Garten kein Platz mehr frei ist, dann schenken Sie Ihrem Nachbarn Ihre Wunschfarbe. Denn der Straucheibisch gedeiht bei Platzmangel am besten auf Grundstücksgrenzen. Er sollte dann regelmäßig von beiden Seiten „gestutzt" werden.

SCHOKOLADE ZUM NASCHEN

Wie viele Pflanzen aus der Familie der Malvengewächse hat der Straucheibisch einen sehr milden Geschmack. Das macht ihn zum idealen Kandidaten für viele Speisen. Gerade die wunderschönen Blütenblätter sind zuckerzart und haben sogar einen milden Eigengeschmack. All unsere Gäste sind sich einig: Der Geschmack ist mild und angenehm. Doch wonach die Blätter dann wirklich schmecken – da gehen die Meinungen auseinander. Unsere persönliche Wahrnehmung ist, dass sie leicht nach Schokolade schmecken. Doch bislang hat nicht jeder diese Meinung geteilt. Hier bleiben wir aber dickköpfig, und das nicht ohne Grund: Wo gibt es denn sonst kalorienfreie, dazu kostenlose und zudem noch gesunde Schokolade zum Naschen!

Die mild schmeckenden Blätter verlieren ihre jugendliche Zartheit relativ schnell. Ein wenig kann man tricksen, indem man sie in feine Streifen schneidet, bevor man sie in Salate mischt. Die Blätter werden sowohl roh als gekocht sehr geschätzt. Nicht umsonst haben wir im letzten Jahr im Essgarten noch einmal 50 Sträucher nachgepflanzt. Der Straucheibisch ist die inoffizielle Nationalblume Koreas. Sie heißt dort „Mugunghwa". Aus diesem Grund fanden wir ein koreanisches Rezept ganz passend! Lassen Sie sich überraschen!

MEIN TIPP

Im Handel gibt es viele besondere Züchtungen mit tollen Farbkombinationen. Nehmen Sie sich ein wenig Zeit, um Ihren Traumkandidaten oder Ihre Lieblingsfarbe auszuwählen – es lohnt sich.

Ampel-Crêpes nach Künstlerart

KINDER LIEBEN ES, DIE CRÊPES MIT DEN BLÜTEN-
BLÄTTERN TOLL ZU DEKORIEREN. WAHRE KUNSTWERKE
ENTSTEHEN – UND SCHMECKEN TUT ES AUCH GLEICH
VIEL BESSER.

ZUBEREITUNGSZEIT:
20 Minuten

FÜR 4–6 PERSONEN:
150 g Mehl
300 ml Milch
2 Eier
Salz
75 g frische Strauch-
eibischblätter
Olivenöl
1 rote Paprikaschote
1 gelbe Paprikaschote
100 g Käse

ZUBEREITUNG:

Für den Teig das Mehl mit Milch, Eiern und dem Salz glatt rühren. Die Straucheibischblätter kontrollieren, etwaige schwarze Stellen aussortieren, waschen und in schmale Streifen schneiden. Unter den Teig heben.

Öl in einer flachen Pfanne erhitzen, mit einer Kelle den Teig für eine Crêpe hineingeben. Bei geringer Hitze mit geschlossenem Deckel auf jeder Seite für ca. 2–3 Minuten backen. Am besten wenden Sie die Crêpes mit Hilfe eines Deckels, damit sie nicht reißen. Noch einmal wenden.

Die Paprikaschoten halbieren, putzen, waschen und in kleine Stücke schneiden. Den Käse reiben. Die Crêpe mit Paprikastückchen und geriebenem Käse dekorieren. Die Pfanne schließen, bis der Käse geschmolzen ist. Die übrigen Crêpes ebenso zubereiten, servieren.

MEIN TIPP

Aus Erfahrung wissen wir, dass Schulkinder auf einen Rezeptnamen wie „Kräuter-Crêpes" nicht mit Begeisterung anspringen. Im Raum Bremen appellieren wir an die Vereinsfarben von Werder Bremen (Fußball). Werdercrêpes werden dann in Massen verschlungen!

Kimchi mit Garnelen

OB DIESES NATIONALGERICHT DEN KOREANERN DABEI HILFT, JUGENDLICH AUSZUSEHEN? DOCH SICHER SCHADET ES NICHT, FRISCHE UND NATÜRLICHE STRAUCHEIBISCHBLÄTTER DARIN ZU VERWENDEN!

ZUBEREITUNGSZEIT:
30 Minuten,
1,5 Stunden ruhen lassen, 2–5 Tage gären lassen

FÜR 4–6 PERSONEN:
800 g Chinakohl
80 g Straucheibischblätter
75 g Salz
1 Apfel
1 Birne
1 kleine Zwiebel
2 Knoblauchzehen
50 g Ingwer
1 EL Speisestärke (Maizena)
1 EL Zucker
100 g Garnelen
50 ml Fischsauce
1 Möhre
1–5 TL Chilipulver
1 Bund Schnittlauch

ZUBEREITUNG:

Den Chinakohl vierteln, den Strunk herausschneiden, Blatt für Blatt teilen. Die Straucheibischblätter kontrollieren, etwaige schwarze Stellen aussortieren. Chinakohl- und Straucheibischblätter waschen, kurz in Wasser einweichen. Abtropfen lassen. In einem Gefäß abwechselnd eine Schicht Blätter auslegen, gut einsalzen, wieder eine Schicht Blätter einlegen etc. Wichtig ist, dass alle Blätter ausreichend eingesalzen werden. 1,5 Stunden einwirken lassen, in dieser Zeit 3- bis 4-mal die Blätter wenden.

Den Apfel und die Birne vierteln, schälen, entkernen und in Stücke schneiden. Zwiebel, Knoblauchzehen und Ingwer schälen. Alles zusammen pürieren. Die Speisestärke in einem großen Topf mit 30 ml Wasser verrühren, unter ständigem Rühren zum Kochen bringen. Zucker hinzufügen und gut einrühren. Abkühlen lassen.

Garnelen klein hacken und mit der Fischsoße mischen. Die Möhre schälen, waschen und in kleine Streifen schneiden. Das Obstpüree mit den Möhrenstreifen und Garnelen in den Topf mit der Speisestärke geben, alles gut durchrühren. Mit Chilipulver würzen.

Die gesalzenen Blätter aus der Marinade nehmen, 2- bis 3-mal gut durchwaschen, abtropfen lassen, in feine Streifen schneiden. Schnittlauch waschen, in 2 cm lange Stücke schneiden, zur Marinade geben, mit reichlich Salz abschmecken.

Nun füllen Sie ein großes oder mehrere kleinere Weckgläser in Schichten mit den Blättern und der Garnelen-Obstpüree-Masse. Immer wieder mit Marinade bedecken und fest andrücken. Die restliche Marinade mit ein wenig Wasser mischen und über das Kimchi gießen, sodass die Gläser gefüllt sind.

Weckgläser verschließen, in einen warmen Raum mit ca. 20 °C stellen. Nach 1–2 Tagen fängt das Kimchi zu gären an. Sie sollten es täglich auf den Geschmack testen. Ist er gut, stellen Sie die Gläser in den Kühlschrank. Dort bleibt das Kimchi über mehrere Wochen haltbar – konserviert und bei 5 °C aufbewahrt, sogar über einige Monate.

Schwarze Apfelbeere

[ARONIA MELANOCARPA]

AUF EINEN BLICK

Was ernten:
Früchte
Wann ernten:
Herbst
Wie essen:
Roh oder gekocht

Ihre Heimat sind die USA. Die schwarzen Beeren werden traditionell von den Indianern und Einwanderern frisch und getrocknet verzehrt. Dieser kleine, bis zu 1,50 m hohe Strauch hat aber mittlerweile auch viele unserer Gärten erobert. Und das zu Recht, denn es gibt in Europa nicht umsonst viele kommerzielle Aronia-Plantagen.

Aronia gilt unter anderem als Farbstofflieferant für Lebensmittel. Doch in letzter Zeit werden vor allem ihre gesundheitlichen Aspekte gelobt. Der Aroniasaft wird als ein vielseitig einsetzbares Heilmittel angepriesen. Sollte auch nur die Hälfte dieser Heilversprechungen stimmen, lohnt es sich, diese Beere in unsere Nahrung mit einzubeziehen. Aus diesem Grund fanden wir es im Essgarten spannend, den frischen Verzehr einmal näher unter die Lupe zu nehmen.

EINE DUNKLE SCHÖNE

Zwei Eigenschaften der Schwarzen Apfelbeere oder Aroniabeere laden zum Experimentieren ein: erstens ihr herber Geschmack und zweitens ihre Eigenschaften als Farbstofflieferant. Die tiefe, dunkle purpurrote Farbe wird zum Beispiel direkt aufgenommen durch Reis, Nudeln oder Eis. Wir verwenden gern frische Früchte und zerstoßen einen Teil der Beeren bei der Zubereitung, bis die gewünschte Farbe erreicht ist.

Der herbe Geschmack der Beeren lässt sich am besten durch eher liebliche Früchte wie Birnen, Datteln, Äpfel, Pflaumen, Himbeeren oder Brombeeren neutralisieren. Die Vielzahl der Anwendungsmöglichkeiten wird nur durch Ihre eigene Fantasie begrenzt. Sirup, Likör, Marmelade und Gelee liegen auf der Hand. Aronia-Leberpastete und Aronia-Leberwurst im Lebensmittelhandel zeigen, wie diese Früchtchen bereits für kommerzielle Zwecke entdeckt wurden.

Wir haben uns für Aufstrichrezepte entschieden. Sie lassen sich einfrieren, sind länger haltbar und kommen sowohl im Alltag als auch auf Partys zum Einsatz. Und wegen ihrer besonderen Farbe eignen sie sich toll zur Deko. Gut passen sie zu anderen Speisen, zum Beispiel zu Hühnchen, Heilbutt oder Endivien.

MEIN TIPP

Aroniabeeren lassen sich gut trocknen oder einfrieren. Während der Wintermonate spendieren sie wichtige Vitamine und Spurenelemente, z. B. durch Zugabe in das Müsli.

Aroniacreme nach Essgarten-Art

LÄSST SICH PRIMA EINFRIEREN: EIN HERRLICHER AUFSTRICH FÜR JEDEN ANLASS UND UNERWARTETE GÄSTE.

ZUBEREITUNGSZEIT:
15 Minuten

FÜR 4–6 PERSONEN:
- 100 g Apfelbeeren
- 150 g entkernte Datteln
- 1 Knoblauchzehe
- 100 g Schmand
- 200 g Frischkäse
- ½ TL Kreuzkümmel
- ½ TL Muskat
- ¼ TL Zimt
- Salz
- Zitronensaft

ZUBEREITUNG:

Die Apfelbeeren waschen und von Verunreinigungen auslesen. Datteln entkernen. Knoblauchzehe schälen und grob zerkleinern. Alles zusammen mit dem Schmand und Frischkäse pürieren. Gewürze zufügen und mit Salz und Zitronensaft abschmecken.

MEIN TIPP

Wir sind Fans der Küche Nordafrikas: ½ TL unseres Lieblingsgewürzes Ras el-Hanout macht dieses Rezept unwiderstehlich. Experimentierfreudigen Hobbyköchen empfehlen wir, es gleich in diesem Gericht auszuprobieren. Und nicht nur dort!

Zierapfel

[MALUS SPEC.]

AUF EINEN BLICK

Was ernten:
Früchte

Wann ernten:
Herbst

Wie essen:
Roh oder gekocht

Diese Pflanze ist ein wahres Schmuckstück für den Garten. Im Frühling die Blüte – und dann die Farbpracht der Früchte im Herbst. *Malus* 'John Downie', *M.* 'Red Sentinel', *M.* 'Golden Hornet', *M.* 'Evereste' sind nur einige Beispiele für gute Sorten. Ihre roten oder gelben kleinen Früchte können im Garten so richtig in Stellung gebracht werden. Der herrliche Fruchtschmuck lässt sich in floristischen Gestecken verwenden. Und auch Bonsailiebhaber bekommen ihren Spaß und ihre Aufgabe: Der Zierapfel lässt sich gut zur Zwergform erziehen und glänzt auch dort mit seiner schönen Blütenpracht. Und zudem ist er ökologisch wertvoll, denn Bienen schätzen die Blüten, Vögel die Früchte.

GUT ZU WISSEN

In der Gattung Malus gibt es über 40 verschiedene essbare Arten. Alle Apfelarten, die Sie in der Küche verwenden können, finden Sie in der Datenbank www.pfaf.org, siehe die Hinweise auf Seite 8–9.

VON SÜSS ÜBER HERB BIS BITTER

Gerade in der englischen Küche findet der Zierapfel Verwendung, „Crabapple" wird er dort genannt. Und auch in Asien, woher er eigentlich kommt, liebt man ihn als Beilage mit Salz und Chilipulver. Zieräpfel überzeugen vor allem deswegen auch in der Küche, weil einige Sorten sehr schmackhafte Früchte haben. Es gibt aber bemerkenswerte Qualitätsunterschiede, die Spannbreite geht von süßlich über herb bis bitter. Probieren Sie einfach und merken Sie sich die süßen und die eher bitteren Arten. Form, Farbe und der spezifische Geschmack geben schon vor, wie sie am besten verwendet werden können. Die größeren bitteren Äpfelchen werden eher in Soßen oder Gelees verarbeitet und können entsprechend gesüßt werden. Die kleineren süßeren Früchte finden eigentlich immer und überall Verwendung.

Wir nutzen gerne die ganze Frucht. Sowohl frisch als auch gekocht bieten die kleinen roten oder gelben Früchte eine schöne farbliche Komponente im Gericht. Sie sehen wie kleine schön verpackte Päckchen aus – leicht bittere oder süßere. Und immer eine Überraschung, ganz nach Geschmack und Gusto gewürzt! Wie immer gilt: Die Dosis bestimmt das Endergebnis.

MEIN TIPP

Gern empfehle ich Ihnen hier einen ganz besonderen Zierapfel: Malus 'Chestnut' liefert hervorragende süßlich-nussige 5 cm große Äpfelchen. Kein Wunder, dass man ihn Kastanienapfel getauft hat.

Apple Cinnamon Bread Pudding

MIT DIESEM REZEPT BEGEISTERN SIE KINDER FÜR DAS KOCHEN: ZAUBERSPIEL MIT ALTEM BROT.

ZUBEREITUNGSZEIT:

60 Minuten,
1 Stunde ruhen lassen

FÜR 4–6 PERSONEN:

200 g altes Brot
4 Eier
3 EL Honig
100 ml Milch
100 ml Sahne
50 g Rosinen
Salz
150 g Zieräpfel
2 EL Butter
3 EL Zucker
1 TL Vanillezucker
1 TL Zimt

ZUBEREITUNG:

Das Brot in 1–2 cm große Würfel schneiden. Eier, Honig, Milch, Sahne und Rosinen in einer großen Schale mischen, mit Salz abschmecken. Die Brotwürfel hineingeben, gut mischen und für ca. 1 Stunde ziehen lassen.

Die Zieräpfel waschen, je nach Größe halbieren oder vierteln und das Kerngehäuse entfernen. Die Butter erhitzen, die Äpfel darin für einige Minuten dünsten, bis sie weich werden. Den Zucker und Vanillezucker einstreuen und rühren, bis die Äpfel braun werden. Nun die gedünsteten Äpfel unter den Brotteig mischen, mit Zimt würzen.

Eine flache Backform (ca. 20 cm Ø) einfetten, den Teig einfüllen. Zuerst mit Alufolie abdecken, damit die Äpfelchen nicht verbrennen, später abnehmen. In einem auf 200 °C vorgeheizten Backofen ca. 45 Minuten backen.

> **MEIN TIPP**
>
> Die Zieräpfel schmücken nicht nur den Garten, sondern auch die Gerichte. Eingelegt lassen sich die kleinen Äpfelchen als bezaubernd schöne Beilage für viele Gerichte verwenden.

Oliebollen nach Essgarten-Art

UNSER NIEDERLÄNDISCHES SILVESTERGEBÄCK – IDEAL AUCH ZUM „DINNER FOR ONE"!

ZUBEREITUNGSZEIT:
45 Minuten,
2 Stunden ruhen lassen

FÜR 4–6 PERSONEN:
150 g Zieräpfel
2 EL Butter
3 EL Zucker
¼ Bio-Zitrone
500 g Mehl
25 g frische Hefe oder
10 g Trockenhefe
500 ml Milch
4 TL Salz
100 g Rosinen
Öl oder Fett zum Frittieren
3 EL Puderzucker

ZUBEREITUNG:

Die Zieräpfel waschen, je nach Größe halbieren oder vierteln und das Kerngehäuse entfernen. Die Butter erhitzen und die Äpfelchen darin für einige Minuten dünsten, bis sie weich werden. Mit 3 EL Zucker bestreuen und rühren, bis die Äpfel anfangen zu garen. Abkühlen lassen.

Die Schale einer halben Zitrone sehr fein schneiden. Mehl mit Hefe, Milch und Salz in einer Schüssel gut durchrühren, bis ein glatter Teig entsteht. Die Zieräpfel, Zitronenschale und Rosinen unter den Teig heben, gut durchmischen. Den Teig 1,5–2 Stunden an einen warmen Ort stellen. Nehmen Sie auf jeden Fall eine größere Schüssel, denn das Volumen verdoppelt oder verdreifacht sich während des Gehens.

Das Öl oder Fett in einem großen Topf oder einer Fritteuse auf maximal 180 °C erhitzen. Eine kleine Probe mit wenig Teig zeigt, ob das Fett heiß genug ist. Mit zwei Löffeln wird der Teig ins Öl gegeben. Einer schöpft den Teig, der andere schiebt ihn kurz über dem Fett in die Flüssigkeit hinein. So spritzt es nicht.

Während des Backens (ca. 6 Minuten) sollten die Oliebollen noch einmal gedreht werden, damit beide Seiten goldbraun werden. Perfekt sind sie, wenn sie außen knusprig und innen locker und luftig sind. Nach dem Frittieren kurz in einem Sieb das überdrüssige Fett abschütteln, zum Schluss mit Puderzucker bestäuben. Die Oliebollen schmecken frisch und warm am besten.

DER WEG ZUM EIGENEN ESSGARTEN

Wenn es Ihnen so geht wie uns, dann wollen Sie mehr: mehr wissen, mehr besichtigen, mehr probieren. Gern geben wir Ihnen einige Empfehlungen mit auf den Weg – auf einen Weg voll toller Ereignisse, Begegnungen und Erfahrungen.

Vorreiter der essbaren Gartenpflanzen sind wohl die Australier, Engländer und Amerikaner, daher geben wir hier auch einige englischsprachige Tipps. Der Pflanzenhandel liegt in der Natur der Niederländer – und auch hier gibt es einige Adressen. Sie sprechen aber alle Deutsch. Lassen Sie sich also nicht abschrecken, dann selbst mit minimalen Sprachkenntnissen – und ich spreche aus Erfahrung, kann man sich hervorragend informieren.

BEZUGSQUELLEN FÜR PFLANZEN

Daniel Rühlemann
Kräuter und Duftpflanzen
Auf dem Berg 2
27367 Horstedt, Deutschland
www.kraeuter-und-duftpflanzen.de
Eine gute und beeindruckende Quelle für Pflanzen und unterhaltsame Kataloge ist die Firma Rühlemann's. Gefährlich ist jedoch ein Besuch, denn die vielen tollen Kräuter sind so verlockend, dass es teuer werden kann.

Christoph Kruchem
Gartenweg 6
37136 Waake, Deutschland
www.hortensis.de
Ein tolles Angebot an Pflanzen, die allesamt durch Stecklinge vermehrt sind. Ein Riesenvorteil gegenüber durch Sämlinge vermehrte Pflanzen.

Martin Dieck
Herrenkamper Gärten
Herrenkamp 1
27254 Siedenburg, Deutschland
www.herrenkampergaerten.de
Führt ein ausgedehntes Assortiment mit Raritäten!

www.pflanzenhof-online.de
Ein gutes Angebot - gerade die angebotenen Nashi-Birnen verdienen extra Andacht.

PlantenTuin Esveld
Rijneveld 72
2771 XS Boskoop, Niederlande
www.esveld.nl
Ein überwältigendes Angebot an exotischen Pflanzen, Sträuchern und Bäumen. Die Sprache ist kein Problem, denn sie exportieren in viele Länder in aller Welt.

Neimoeds Plants B.V.
Halve Raak 18
2771 AD Boskoop, Niederlande
www.pzwijnenburg.wixsite.com/pieterzwijnenburg
Auch hier finden Sie ein überwältigendes Angebot an Pflanzen. Die Website läuft in mehreren Sprachen.

www.agroforestry.co.uk
Ein ausgelesenes Assortiment hat die Organisation Agroforestry research trust in England. Rechtzeitig bestellen, es wird nur in kleinen Stückzahlen produziert!

www.pflanzenspezl.de
Bei der Firma Pflanzenspezl bekommen Sie Exotisches, wie Indianerbananen oder Kakifrüchte.

www.achtplagennuts.nl
Arie Bruin aus Holland ist Nuss-Spezialist. Er bietet 130 unterschiedliche Nusssorten und über 30 verschiedene Kakifrüchte an.

www.shop.zahradnictvolimbach.sk
Interessante Hybriden (Kreuzungen zwischen z. B. Kirsche und Aprikose) und zahllose andere essbare Arten bietet diese Firma an. Mit deutschsprachiger Website und zuverlässigem Service.

www.shiitakekwekerij.nl
Die Firma Haveman Groen B.V. bietet gute Pilzbrut für Shiitakepilze, bei uns bisher mit ausgezeichneten Ergebnissen. Mit deutschsprachiger Website.

www.degroeneprins.nl
Die Firma „De Groene Prins" bietet eine Vielfalt an essbaren, winterharten Bambusarten an.

ZUM WEITERLESEN

INTERNETLINKS UND DATENBANKEN

www.pfaf.org
Bei der Suche nach essbaren Pflanzen ist diese Datenbank eindeutig die zuverlässigste. Sie zeichnet genau auf, welche Pflanzen essbar sind, welche Teile man davon nutzen darf und wie gut sie schmecken. In Englisch, jedoch durch die botanischen Namen der Pflanzen sehr gut nutzbar.

www.agroforestry.co.uk
Zahlreiche Publikationen und Informationen zu essbaren Bäumen, Sträuchern und Stauden.

ESSBARE PFLANZEN

A. K. Koschtschejew:
Wildwachsende Pflanzen in unserer Ernährung. Über 800 Rezepte. Leipzig 1994.
Eines der besten Bücher zu wilden Pflanzen mit einfachen Rezepten. Längst vergriffen, aber vielleicht finden Sie ein gebrauchtes Exemplar.

Martin Crawford:
Edible Plants for Temperate Climates. Agroforestry Research Trust 1998.
Eine simple Übersicht von 4500 essbaren Pflanzen in unserem Klima. Es gibt mehrere Bände zu Bäumen, Sträuchern und Stauden. Siehe Internetlinks.

PERMAKULTUR UND WALDGARTEN

Ulrike Windsperger:
Handbuch Permakultur: Klug planen und nachhaltig gärtnern. Ulmer 2016.
Ein gutes Buch für Einsteiger und Gartenanfänger. Sehr informativ mit Illustrationen zu Gestaltung unterschiedlich großer Gärten.

Kurt Forster:
Mein Selbstversorger-Garten am Stadtrand: Permakultur auf kleiner Fläche. Ökobuch 2013.
Infos zur Permakultur im Hausgarten, mit vielen Beispielen zur Planung und Gestaltung.

Patrick Whitefield:
Das große Handbuch Waldgarten. OLV 2015.
Infos zum Thema Waldgarten, Permakultur, biologischer Obst-, Gemüse- und Kräuteranbau auf mehreren Ebenen.

PILZANBAU

Wernhard Einar Schmidt:
Anbau von Speisepilzen: Kulturverfahren für den Haupt- und Nebenerwerb. Ulmer 2009.

Jolanda Englbrecht:
Pilzanbau in Haus und Garten. Ulmer 2004.

A

Alcea rosea 46
Ampel-Crêpes nach Künstlerart 126
Apfelbeere
   Schwarze 130
Apple Cinnamon Bread Pudding 136
Aralia cordata 118
Aralia elata 116
Aralie
   Japanische 116
Aralie mit Anis 118
Aroniacreme nach Essgarten-Art 132
Aroniasaft 130
Arten
   geschützte 25
Aufstrichrezepte 130

B

Baharat 80
Bambus 84
   Goldrohr- 84
   Schwarzrohr- 84
Bambusarten
   winterharte 84
Bambussprossen 84
Bambussprossen mit Ananas 86
Bambustriebe
   essbar 84
Baumsaft 64
Beilage 18, 30, 44, 52, 102, 136
Beilage mit Japanischem Rhabarber 30
Belgische Hopfensprossen mit Champignons 72
Berberitze 8
   Gewöhnliche 88
Berberitzenarten
   essbare 88
Berberitzenreis 88
Berberitzenreis Sereschk Polo mit Huhn 90
Berglitschi 108
Bitterstoffe 8
Blaublattfunkie 20
Blumenhartriegel
   Japanischer 108
Blumenhartriegel mit Aprikose und Crème brulée 110
Brennnesselspitzen 68
Bunter Couscous 80

C

Camellia sinensis 56
Chaenomeles 60
Chaenomeles cathayensis 60
Chutney 62
Cornus kousa 108
Cornus kousa 'Big apple' 109
Cornus kousa 'Milky Way' 109
Cornus mas 'Jolico' 50
Cornus mas 'Kasanlaker' 50
Cranberry 104
Crème brulée 110

D

Datenbank 8, 141
Dessert 42, 56, 70, 74
Deutsche Oliven 52
Dschondscholi 92
Duftstoffe 75
Durchgedrehte Fetthenne – Fingerfood-Schiffchen 44
Dureup 116

E

Echter Hopfen 70
Eierspätzle mit Taglilien 14
Einfrieren 68, 84, 88, 97, 131, 132
   Taglilienblüten 16
   Taglilienknospen 16
Eingelegte Magnolienblüten 102
Einlegen 100, 136
Erdnussbutter 86
Ernten
   Blüten 8
   Knospen 8
Essgarten 6, 7
Essig 88, 90
Essigbaum 96
   essbar 8
Essigbeere 88
Exoten
   Essbare 7

F

Fallopia japonica 28
Festtagstorte mit Kamelien 58
Fetthenne 40
Fiddleheads 26
Fingerfood 34, 40

Flieder
   Gemeiner 78
Fliederarten
   essbar 78
Fliederblütengebäck 82
Food- oder Aromapairing 36
Fruchtlikör 108

G

Gartenpflanzen 7, 10
Gefüllte Funkienröllchen 22
Gefüllte Taglilienblüten 18
Gelee 60, 130, 134
Gemüsearten
   neue 7
Gewürz
   orientalisches 96
Gewürzsumachs 96
Giersch 68
Giftpflanzen 7
Granatapfelsaft 90

H

Harissa 80
Hirschkolbensumach 96
Hochblätter
   farbige 108
Hopfensprossen 70
Hosta sieboldiana
   'Big Daddy' 21
Houttuynia cordata 'Chamaeleon' 36

I

Indianerlimonade 98
Indian Lemonade spezial 98

J

Japanische Rhabarber-Erdbeer-Torte 32
Japanisches Wildrhabarbercurry 34
Jeon 116
Joghurt 54

K

Kalina 104, 106
Kalina royal 106
Kamelie 56
Kapern 92
Karamell 112
Karamellbeere 112

Kimchi mit Garnelen 128
Kochkurse 7
Komogi 24
Kornelkirsche 50
Kornelkirschen-Sorbet 54
Kriek Lambic 72
Küche
  japanische 20

L

Leycesteria formosa 112
Leycesteria formosa 'Purple Rain' 114
Likör 130
Limonade 96
Linde 64
Lindensirup 64

M

Magnolia kobus 100
Magnolie 100
  Kobushi- 100
Magnoliensalz 103
Malus 'Chestnut' 135
Malus 'Evereste' 134
Malus 'Golden Hornet' 134
Malus 'John Downie' 134
Malus 'Red Sentinel' 134
Malus spec. 134
Marmelade 62, 130
Matteucia struthiopteris 'Jumbo' 24
Molchschwanz 36
Mugunghwa 124

N

Naturschutz 92
Neophyt
  invasiver 28
Nutzgarten 4

O

Oliebollen nach Essgarten-Art 138
Oxalsäure 29

P

Passionsblume
  Blaue 120
Passiflora caerulea 120
Passiflora caerulea
    'Constance Eliott' 121
Passiflora incarnata 'Maypop' 122

Petersilie
  saure 88
Pflanzendatenbank 8, 141
Pflanzenteile
  essbare 8
Phyllostachys nigra 84
Pimpernuss
  Amerikanische 92
  Gemeine 92
  Kolchische 92
Pimpernusskaviar 94
Pimpernusslikör 92

Q

Quiche Tilia mit Zwiebeln und Schinken 68

R

Ras el-Hanout 80, 132
Regenbogen-Mango 38
Reiskuchen
  Mochi 56
Rhabarberrezepte 28
Rhizomsperre 71, 96
Rhus coriaria 96
Rosenblüten 75
Rosenblütensirup 76, 80
Rosenlikör 76
Rosensirup 74
Roter Lindenknospensalat
  mediterran 66

S

Sauerdorn 88
Sauerkirschbier 72
Schlehen
  eingelegte 52
Schneeball
  Gewöhnlicher 104
  Pflaumenblättriger 104
Sedum spectabile 40
Sedum telephium 40
Sezschuan-Pfeffer 86
Silvestergebäck 138
Sirup 102, 130
Spargelrezepte 26
Staphylea pinnata 92
Staphylea trifoliata 92
Staudenknöterich
  Japanischer 28

Stockrose 46
Stockrosen-Lasagne mit grünem
  Pesto 48
Straucheibisch 124
Straußenfarn 24
Sumach 96
Süße frittierte Passionsspießchen
  mit Feigen 122
Syringa vulgaris 78

T

Taglilie 12
Taranome 116
Tee 46, 56, 64
Teepflanze 56
Tempura 116
Teufelskrückstock 116
Tiramisu formosa 114
Tomatensahne mit
  Taglilienknospen und Pistazien 16
Trichterfarn 24
Trocknen 101, 102, 131
Trocknung 97

U

Unverschämte Fetthenne -
Fingerfood-Schiffchen 42

V

Vap Ca 36
Viburnum opulus 104
Viburnum prunifolium 104
Vorspeise 12, 18, 22, 42, 122

W

Wildgehölz 92
Wildobst 50, 88
Wurzelausläufer 71, 96
www.pfaf.org 8, 141

Z

Zierapfel 134
Zierquittenchutney mit Rosinen 62
Ziergemüse 4, 6, 7, 10
  Ernte 8
Zierquitte
  chinesische 60
Zwischengang 42

BILDQUELLEN

Alle Rezeptfotos und das Titelfoto stammen von Ludmilla Parsyak. Covergestaltung: Doris Möllmann. Foodstyling: Juliane Stein. BeppeNob/Shutterstock.com: hintere Klappe (innen links), Deemter, Frederik: S. 6, S. 9 (2), hintere Klappe (außen), Frank Hecker Naturfotografie: S. 93, 105, Hans-Roland Müller/Botanikfoto: S. 131, Henneberg, Holger: S. 29, Kidsana Maimeetook/Shutterstock.com: S. 85, mashimara/Shutterstock.com: S. 47, mauritius images: vordere Klappe (außen), vordere Klappe (innen links), vordere Klappe (innen rechts), hintere Klappe (innen rechts), S. 4/5, 10/11, 13, 15, 21, 25, 37, 41, 51, 57, 65, 75, 79, 89, 109, 113, 117, 121, 125, 135, pyansetia2008/Shutterstock.com: S. 101, simona pavan/Shutterstock.com: S. 97, Steffen Hauser/Botanikfoto: S. 61, Thome, Ursula: S. 71.

Die in diesem Buch enthaltenen Empfehlungen und Angaben sind von der Autorin/vom Autor mit größter Sorgfalt zusammengestellt und geprüft worden. Eine Garantie für die Richtigkeit der Angaben kann aber nicht gegeben werden. Autorin/Autor und Verlag übernehmen keine Haftung für Schäden und Unfälle. Bitte setzen Sie bei der Anwendung der in diesem Buch enthaltenen Empfehlungen Ihr persönliches Urteilsvermögen ein. Der Verlag Eugen Ulmer ist nicht verantwortlich für die Inhalte der im Buch genannten Websites.

Bibliografische Information der Deutschen Nationalbibliothek
Die Deutsche Nationalbibliothek verzeichnet diese Publikation in der Deutschen Nationalbibliografie; detaillierte bibliografische Daten sind im Internet über http://dnb.d-nb.de abrufbar.

Das Werk einschließlich aller seiner Teile ist urheberrechtlich geschützt. Jede Verwertung außerhalb der engen Grenzen des Urheberrechtsgesetzes ist ohne Zustimmung des Verlages unzulässig und strafbar. Das gilt insbesondere für Vervielfältigungen, Übersetzungen, Mikroverfilmungen und die Einspeicherung und Verarbeitung in elektronischen Systemen.

© 2017 Eugen Ulmer KG
Wollgrasweg 41, 70599 Stuttgart (Hohenheim)
E-Mail: info@ulmer.de
Internet: www.ulmer-verlag.de
Konzeption und Projektmanagement: SeitenWerk, Ute Rather, Hamburg
Lektorat: SeitenWerk, Ute Rather; Antje Munk, Lisa Seibel
Herstellung: Thomas Eisele
Umschlagentwurf: Michaela Mayländer
Satz und Buchgestaltung:
Michaela Mayländer, Stuttgart
www.sistermic.de
Druck und Bindung: Westermann Druck Zwickau
Printed in Germany

ISBN 978-3-8001-0846-6